리더정치

Leadocracy

Leadocracy ⓒ 2012 by Geoff Smart
All rights reserved.
Original edition published by Greenleaf Book Group, USA.
Korean translation rights arranged with Greenleaf Book Group, USA
through PLS Agency, Korea.
Korean edition published in 2013 by Words Book Publishing, Seoul.

이 책의 한국어판 저작권은 PLS에이전시를 통한 저작권자의 독점계약으로 도서출판 **말글빛냄**에 있습니다.
신 저작권법에 의해 한국 내에서 보호를 받는 저작물이므로 무단전재와 복제를 금합니다.

누구를 중용할 것인가

리더정치

제프 스마트 지음 · 김설경 옮김

하버드 비즈니스 스쿨 ghSMART 리더십 프로그램이 제안하는
새로운 정치의 패러다임

말글빛냄

차례

Introduction · 제1순위의 문제 해결 6

1 '무엇'이 아닌 '누구'의 문제 27

여정의 시작 | 리더만이 해결책이다 | 유능한 리더는 도전에 정면으로 맞선다 | 유능한 리더는 인재를 끌어 들인다 | 유능한 리더는 뛰어난 성과를 낸다 | **리더정치에 대한 논의**

2 리더십의 3A 52

리더십의 3A | 분석Analyzing | 배분Allocating | 조정Aligning | **리더정치에 대한 논의**

3 가장 소중한 미개발 자원 77

새로운 것이 아니라 보기 드문 것 | 리더는 어디에? | 리더십 기술은 보편적으로 적용할 수 있다 | 또 다른 성공 스토리 | **리더정치에 대한 논의**

4 왜 유능한 리더들은 정부에서 일하려 하지 않는가? 102

장애물 1. 확신의 부족 | 장애물 2. 대가 | 장애물 3. 기밀성 | **리더정치에 대한 논의**

5 정부에 당신을 위한 무엇이 있는가? 129

도전과 학습 | 의미 있고 가치 있는 목표 | 관계의 다양성
리더정치에 대한 논의

6 현명하게 투표하라 150

주술Voodoo 선거 | 더 나은 고용 방법 | 리더정치 스코어카드 | 리더 성과 기록 | 위험 신호들 | **리더정치에 대한 논의**

7 리더의 결단력 178

리더의 커리어 곡선 | 과연 그들이 참여할 것인가? | 아이디어와 계획 | 미래 비전 | 리더정치 선언에 사인하라 | **리더정치에 대한 논의**

8 리더정치에서 살기 200

한층 안정된 안보 | 더 많은 자유 | 더 많은 기회

부록 – Q&A 214   감사의 말 219

Introduction

제1순위의 문제 해결

버질 존슨Virgil Johnson은 '인생은 점점 나아진다'는 말을 좋아했다. 그가 자주 가족들에게 되풀이해서 했던 말이기도 하다. 그는 이 말을 할 때면 항상 미소를 지었다. 인생은 가면 갈수록 흥미진진해진다는 사실을 진심으로 믿었기 때문이다. 자신이 살아온 삶과 궤를 같이 하는 말이었다.

내 아들 윌이 갓난아이였을 때 존슨 박사가 처음 아이를 보러 왔던 일이 기억난다. 사실 버질 존슨은 내 아내의 할아버지이다. 자랑스럽게 웃는 얼굴로 윌을 하늘 높이 치켜들더니 "인생은 살아갈수록 점입가경이야"라고 말씀하셨다. 당시 초롱초롱한 눈망울로 증조할아버지를 쳐다보던 아이가 그 말을 얼마나 이해했을지는 알 수 없다. 하지만 나는 그 말을 듣고 깊은 감명을 받았다. 며칠 후, 아내의 할아버지는 영원히 세상을 떠났다.

10년 전 그때는, 테러리즘이 활개를 치고 있었고 나라는 불안정했다. 정부 지출은 걷잡을 수 없이 늘어나고 있었고 경제 상황은 최악이었다. 그 이후로도 상황은 점점 악화되어 가고 있다. 그의 죽음에 대한 소식을 듣던 순간, 머릿속에서 의문이 시작되었다. 그러다 수년 동안 그 의문을 외면하고 살아왔지만, 18개월 쯤 전에 또 다시 다음 의문에 직면하게 되었다.

"정말로 우리의 삶이 점점 나아지고 있는 걸까?"

그러나 나는 확신할 수 없었다. 이 책을 읽는 많은 독자들처럼 나 역시 미국 정부에 대해 냉소적이고, 리더들은 정부를 개혁할만한 능력을 갖고 있지 않다고 생각했다. 그리고 나만 그런 생각을 하는 건 아니었다. 2011년 6월, 갤럽에서 미국 전역의 성인들을 대상으로 여론조사를 실시했다. 응답자의 48퍼센트는 미국 의회를 신뢰할 수 없다고 대답했다.

형사법제도, 노동조합, 은행, 의료기관을 포함한 16개 기관 중에서, 의회에 대한 신뢰도가 가장 낮았다. 응답자들 중 단지 12퍼센트만이 의회를 전적으로 신뢰한다고 응답했다. 이렇듯 1973년에 처음 여론조사가 실시된 후, 이 수치는 지속적으로 떨어지고 있다. 그러던 2010년 12월, 나에게 날아온 한 통의 이메일이 내 인생의 전환점이 되었다. 이 이메일 내용은 아마도 당신의 인생도 변화시킬 것이라고 생각한다.

이메일 내용은 새로 선출된 주지사 존 히켄루퍼John Hickenlooper를 도와 내각의 일원이 되어줄 것을 요청하는 내용이었다. 이메일을 받은 뒤, 나는 예상치 못한 여정을 시작하게 되었고, 정부에 속한 리더들의 현실이 어떤지를 깨닫게 되었다.

이 여정에서 알게 된 사실들은 정말로 놀라웠다.

여정을 시작할 때만 하더라도 정부에는 정체와 부패, 역기능이 만연할 것으로 예상했다. 그래서 정부가 망해가고 있다는 최악의 통념을, 내 눈으로 직접 확인해 볼 마음의 준비를 단단히 하고 있었다.

그리고 이 여정을 시작하면서 정부란 무엇인가에 대해 직접 확인할 수 있었다. 민간부문에 종사하다가 정부로 뛰어든, 큰 결단을 내린 리더들과 솔직히 대화도 나눠보고 때로는 함께 일도 해 보았다. 이 과정에서 나는 무엇을 깨달았을까?

바로 우리 사회의 미래는 암담하지만은 않다는 사실이었다. 오늘날 수많은 문제들이 발생하고 있음에도 불구하고, 정부 조직이 안고 있는 문제들도 그 해답이 없는 것은 아니었다. 방금 읽은 내용이 믿어지지 않아 고개를 갸우뚱하고 있다면 이 책을 끝까지 꼭 읽어주길 바란다. 또 인생이 나날이 좋아질 것이라는 희망이 있다면, 반드시 이 책을 읽어야 한다. 친구, 가족, 그리고 자녀의 삶이 점점 나아지기를 기대한다면 반드시 이 책을 읽어야 한다.

이 여정에 나와 함께 해줘 감사하다고 말하고 싶다. 만약 이 책이 당신의 생각에 변화를 일으킨다면, 이를 널리 퍼뜨려주면 좋겠다. 그리고 사람들에게는 이 책을 선물로 주길 바란다. 그리고 열정적인 대화를 나눠주길 바란다. 제1순위의 문제를 바람직한 방법으로 해결할 수 있도록 열정적인 대화를 나눠야 한다. 그리고 이 움직임이 가속화될 수 있도록 도와주길 바란다.

제1순위의 문제

계속 나아지는 삶을 향유하기 위해서는 무엇이 필요할까?

물론 자유가 필요할 것이다. 개인적인 목표든 직업적인 목표든 개인의 목표를 발견하고 달성하기 위해서는 자유가 필요하다. 안전과 안정성도 필요하다. 도전을 추구하고 각자의 기술과 재능을 최대한 활용하고 발휘할 수 있는 기회도 필요하다. 자유와 안전, 기회 등의 요소는 사람들이 사회에서 번영하고 행복할 수 있게 해준다. 삶의 질도 이런 요소들의 영향을 직접적으로 받는다. 하지만 최근 몇 년 동안 자유와 안전, 기회 등의 여건이 더 나아졌다고 말할 수 있을까? 그렇지 않다. 왜 그럴까? 정부가 얼마나 잘 기능하느냐에 따라 사회도 제 구실을 하기 때문이다. 불행히도 정부는 잘 기능하지 못하고 있으며, 이는 전 세계 어느 나라든 마찬가지 상황이다.

세계 모든 국가의 정부는 계속 부채를 늘리고 있으며 이에 따른 문제 또한 심화되고 있다. 정치인이나 정부 관료들은 과도한 공약을 내

걸고 실행은 좀처럼 하지 않는다. 때로는 더 많은 갈등, 더 많은 낭비, 더 많은 고통을 초래하는 결정을 내린다. 그리고 그런 결정의 결과, 일자리를 구하거나 유지하기 어려운 불안정한 상황을 만들어낸다. 심각한 문제가 아닐 수 없다. 이것이 바로 우리가 해결해야 할 제1순위의 문제이다.

"가장 큰 문제는 정부가 잘못된 길 위에 서 있다는 점이다. 그 길에는 '관료주의'라고 적힌 표지판이 있다."

관료주의

이 길은 가면 갈수록 진창길이다. 계속 이 길을 걸어갈수록 부담은 늘고 제약은 많아진다. 이대로 가다가는 어느 날 무시무시한 소리와 함께 신발이 쩍 갈라지는 날이 올까 두렵다. 툴툴거리며 안간힘을 쓰겠지만 진척도 없을 것이다. 인생은 점점 나아질 것이라는 꿈은 어떻게 될까?

2011년 로이터 통신, 뉴욕 타임스, 월 스트리트 저널에서 각각 3개월씩 행한 여론조사를 살펴보면, 미국인의 70퍼센트가 미국이 '잘못된 길을 걷고 있다'고 생각하는 것으로 나타났다. 이는 수십 년 동안 거론되어 왔던 문제이기도 하다.

어렸을 때 저녁식사를 할 때면, 가족과 리더십, 정부, 자유를 주제로 토론하곤 했다. 아버지가 가장 먼저 선물해주신 책도 〈선택의 자유Free to Choose〉였다. 이 책에서는 관료주의의 폐해로 성과는 낮게 나타나고, 자유롭게 선택을 할 수 있을 때 훨씬 더 좋은 성과가 나온다는, 노벨상 수상자 밀턴 프리드먼Milton Friedman의 철학을 담고 있다.

오늘날 우리가 더 불행해진 이유는, 관료적이고 리더 자질이 없는 사람들이 정부를 담당하고 있다는 점이다. 이들은 리더십 기술을 개발할 기회도 가져보지 못한 사람들이다. 복잡한 문제를 분석하거나, 희귀한 자원을 최대한 그리고 최선의 방법으로 활용할 수 있도록 배분하거나, 사람들의 조직화된 행동을 통해 조직 목표를 달성할 수 있도록 이끌어 본 경험이 없다.

예산편성, 고용, 전략적 계획수립, 지속적인 개선, 린 경영, 업무방식 개선, 고객만족, 목표설정, 책무성과 같은 것을 가장 잘 실행하는 방법에 익숙하지도 않다. 좋은 의도를 갖고 있겠지만, 리더 자질이 없는 사람들은 정부가 해결해야 할 문제보다는, 재선되거나 재임명되려면 어떻게 해야 할지에만 초점을 맞춘다. 이들이 제시하는 해결책은 종종 시민들에게 더 많은 제약을 가하고 부담을 가중시키기도 한다. 또는 이전 규제의 결함을 보완하려고 새로운 법률을 만들거나, 규정을 복잡하게 만드는 등, 단기적인 것들에 초점을 맞춘다. 이렇듯 리더로서 자질이 없는 사람들은 관료주의에 의존하며 리더십을 발휘하지 못한다.

그럼에도 불구하고 시민들은 고쳐지지 않는 나쁜 버릇처럼 정부의 가장 복잡한 리더십 문제를 해결하기 위해 되풀이해서 리더 자질이 없는 사람들에게 의존하거나, 아예 그들의 정책에 무관심하다. 이는 심장수술을 해야 하는데 치과의사를 찾아가는 격이다. 혹은 악기를 한 번도 다뤄보지 않은 사람이 연주하는 공연에 가는 것과 같다. 비행기에 탑승하면서 조종사가 "음, 저기 팻, 이 많은 다이얼들은 다 어떤 기능을 갖고 있고, 이 레버는 또 뭘 하는 거지?"라고 말하는 것을 엿듣게 되었다고 치자. 그럴 때 당신의 심정은 어떻겠는가? 리더십이라는 재능을 갖춘다는 것은 정말로 중요하다. 그렇다면 왜 리더십을 발휘해야 할 자리에 리더 자질이 없는 사람들이 앉아 있는 것일까?

무엇이 우리로 하여금 이런 관료주의의 길에 머물게 하는가? 그 이유는 바로 정부에 유능한 리더가 없기 때문이다. 정부가 무능할수록 유능한 리더는 정부에서 봉사하려 하지 않는다. 이것이 바로 관료주의로 인한 파멸의 올가미다. 정부가 관료주의적일수록 관료주의적인 정부를 개선하는 데 필요한 리더를 퇴치하는 꼴이 된다.

그러나 관료주의라는 문제는 해결할 수 있다. 실제로 민간부문에서든, 공공부문에서든 해결되는 사례를 많이 보아왔다. 문제를 해결하기 위해서는 먼저 관료제의 길에서 벗어나 새로운 길을 갈 것을 선택해야 한다. 이 새로운 길 위에 "리더정치Leadocracy"라고 적힌 표지판이 있다.

| 리더정치 |

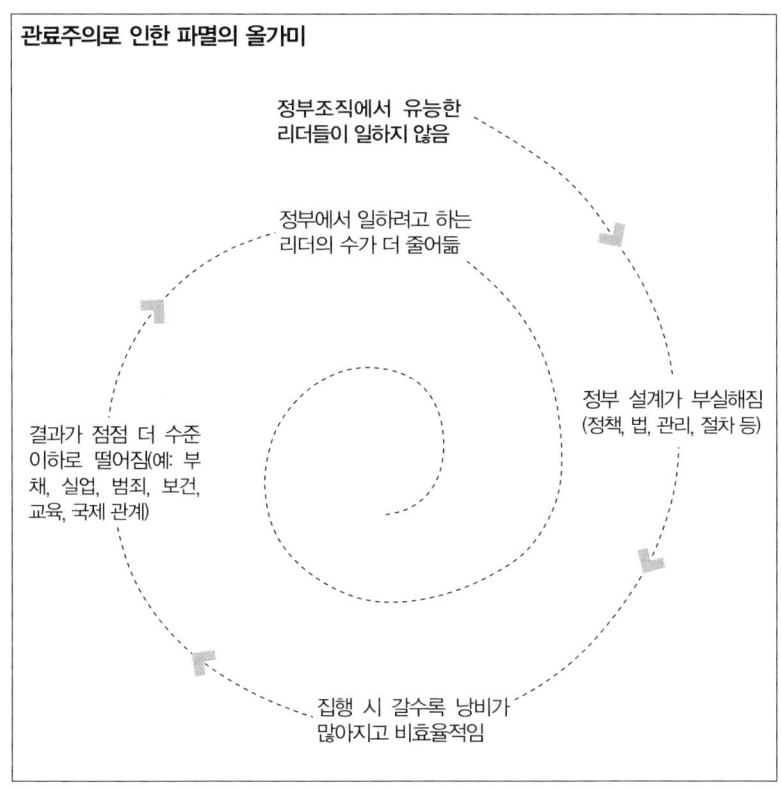

해결책: 정부조직에서 더 많은 유능한 리더들이 일하도록 하는 것

나는 줄곧 리더를 평가하는 일을 하면서 전문성을 길러왔다. 적성에도 잘 맞고 정말 좋아하는 일이다.

나는 산업 심리학자의 손에 의해서 태어났다. 물론 분만을 시행한 사람은 의사였지만, 탯줄을 자르는 일은 아버지가 하셨다. 아버지 브래드 스마트Brad Smart 또한 리더를 선택하는 것을 주된 주제로 경력을 쌓으셨기 때문에 이 분야에 관해서는, 아버지가 처음이자 가장 큰 영향을 끼친 멘토이기도 하다. 클레어몬트Claremont 대학에서의 박사학위 논문의 주제는 리더십 선발이었다. 그리고 그곳에서 나는 '경영학의 그루'라는 피터 드러커Peter Drucker 곁에서 수학하는 영광을 누릴 수 있었다.

1995년에 나는 대학원 기숙사에서 'ghSMART'라는 리더십 컨설팅 회사를 설립했다. 기업이 목표를 달성하기 위해서는, 적절한 사람이, 적절한 위치에 앉아, 적절한 일을 하도록 배치하는 것을 효과적으로 할 수 있다면, 훨씬 더 나은 세상이 될 것이라고 믿었기 때문이다. 약 20여 년 동안 ghSMART의 동료들과 나는 전 세계의 다양한 조직에서, 수많은 리더들이 리더십의 근본적인 문제를 찾아내고 해결할 수 있도록 도왔다.

"리더로서 어떻게 최선을 다할 수 있을까?" "중요한 리더의 위치에 누구를 앉혀야 할까?" "생존을 위해 발버둥치는 300년 역사의 기업을 어떻게 하면 책임과 혁신, 결과를 핵심가치로 여기면서 급성장하는 조직으로 변화시킬 수 있을까?"와 같은 문제들을 해결해 왔다. 그래서 하버드대학에서 행한 몇 가지의 사례연구에서는 'ghSMART'를 리더십 컨설팅 분야의 선구자로 묘사하기도 한다. 현재 이 연구사례는 하버드 경영학 석사 1학년 과정에 있는 900명 전원이 수강하는 강의에서 다뤄진다. 이는 내가 1년에 한번 하버드대학에 나타나 사업가로서 저지른 모든 실수에 대해 엄청난 질타를 받는 일이기도 하다. 하지만 명석한 젊은이들이 회사의 과거 행적과 미래 전략에 대해 토론하는 것을 듣고 있노라면, 무척 흥미롭고 값진 배움의 기회가 된다.

친구이자 동료인 랜디 스트리트Randy Street와 공동으로 집필한 《누구를 고용할 것인가Who: The A Method for Hiring》는 리더를 고용하는 것을 주제로 한 책이다. 이 책이 많은 리더들의 삶에 큰 영향을 미쳤다는 점에서 자랑스럽다. 이 책은 미국에서 뉴욕타임스 베스트셀러가 되었고, 캐나다의 글로브 & 메일Globe & Mail 신문에서 올해의 비즈니스 도서로 선정된 것을 포함해, 수많은 국제적인 상을 수상했다. 나는 위대한 리더십의 진가를 알아볼 수 있는 사람이다. 그래서 정부에 소속된 리더 자질이 없는 사람이 시민들에게 피해를 주는 상황을 목격한다는 것은 매우 고통스럽다. 그들이 악의를 갖고 있는 것도 아니며, 그들에게 화를 내려는 것도 아니다. 그러나 그들 대부분은 현재 앉아 있는 자리에 적합하지 않은 인물들인 것만은 분명한 사실이다.

나는 여러 해 동안 유능한 리더에 관해 연구 분석해왔다. 그 결과 유능한 리더는, 사람들이 요구하는 것이 무엇인지를 분석하고 낭비를 최소화하여, 부족한 자원을 가장 효율적으로 사용할 수 있도록 배분하고, 모든 사람들의 삶의 질을 향상시키려는 목표를 달성하려고, 적절한 곳에 사람을 배치하는 능력이 탁월한 사람이라는 것을 알 수 있었다. 따라서 더 많은 유능한 리더들이 정부 조직에 종사하도록 하는 일이, 결국 사회의 첫 번째 과제인 무너진 정부를 바로잡을 수 있는 가장 중요한 해결책이 될 것이다.

첫 번째 과제를 해결할 방법은 다음 문장으로 요약할 수 있다:

정부조직에서 더 많은 유능한 리더들이 일할 수 있도록 하라.

이 해결책은 어찌 보면 너무나도 당연한 것이다. 동의한다. 따질 것도 없이 명백한 사실이다. 그리고 이 여정을 따라가면 따라갈수록 점점 더 확실해진다. 그리고 더 많은 유능한 리더가 정부 조직에서 일할 수 있어야 한다는 생각은, 주지사 히켄루퍼와 그의 정열적인 비서실장 록산느 화이트Roxane White와 일하면서 더욱 확고해졌다.

그들을 만난 순간 이래로 이 해결책을 시험하기 위해, 정치에 선뜻 뛰어든 유능한 리더들을 수개월 동안 찾아다니며 인터뷰를 했다. 그들이 정부에 대해 실제로 어떻게 생각하는지를 들어보고 싶었기 때문이었다. 인터뷰 결과, 리더를 정부조직에서 더 많이 일하게 하려는 움직임이 이미 시작되고 있었다는 점이다. 현재 민간부문의 훌륭한 리더들이 정부조직에 더 많이 뛰어들고 있다. 그렇기 때문에 이 운동은 내가 시작한 것이라고 할 수는 없다. 다만 이미 존재하는 현상을 내가 명명한 것일 뿐이다. 이 책을 통해 리더정치 운동이 확대될 수 있도록 널리 알려지기를 원할 뿐이다.

리더정치란 '이 사회 최고의 리더들이 정부를 이끌어간다는 것'을 의미한다. 이 아이디어는, **정부가 성공하려면 얼마나 뛰어난 사람들이 이끌고 있느냐에 따라 달려 있다**는 생각에서 비롯되었다.

정부의 리더 자리에 유능한 인물을 앉히는 사회는 그렇지 않은 사회보다 훨씬 더 잘 운영될 것이다.

> 우리들의 해결책: 정부조직에서 더 많은 유능한 리더들이 일할 수 있게 하라.

리더정치는 정부가 새로운 형태로 변해야 한다고 요구하지 않는다. 리더정치는 단지 민주주의라는 거대한 실험을 개선하기 위해 나아가야 할 다음 단계일 뿐이다. 리더정치는 미국의 민주주의, 혹은 '입헌 공화국'과도 형태가 같다. 민주주의는 시민이 자유롭게 리더를 선출하고 인종이나 신념, 또는 가문에 상관없이 누구나 대통령이 될 수 있다. 이 점이 바로 민주주의의 최대 장점이고 살려나가야 할 부분이다. 또한 부패와 독재를 줄이기 위해 권력에 대해 견제와 균형이 이뤄지는 것도 장점이다. 이 점 또한 살려야 한다.

현 정부의 구조에 리더정치가 제안하는 유일한 변화는 더 많은 유능한 리더를 정부조직에서 일할 수 있게 하자는 것이다. 법이 있다고 해서 정부가 잘 굴러가는 것은 아니다. 어떤 사람이 통치하느냐 하는 것은, 통치자가 어떤 체제 하에서 통치를 하느냐에 못지않게 중요하기 때문이다.

정부의 대안적인 형태로는 어떤 것이 있을까? 귀족정치? 군주(생사여탈권을 쥔)정치? 아니다. 두 모델은 실력이 아닌 자격에 기초를 두고 있기 때문이다. 무정부 상태? 이 또한 아니다. 무정부 상태로 돌아간다는 것은 너무나 두렵고 혼란스러울 것이다. 그렇다면 플라톤이 〈국가 The Republic〉에서 제안했듯이 '철인왕'이 다스리는 사회는 어떨까? 사양하겠다. 정부에 철학자는 더 이상 필요하지 않다. 정부에 필요한 것은 유능한 리더뿐이다.

이 책을 읽는 내내 등장하겠지만 미국에는 이미 민간부문에서 정부로 뛰어들고 있는 유능한 리더들이 많다. 이들이 어떤 일을 성공적으로 완수하는지를 알게 되면, 나도 그랬듯이 독자 여러분들도 큰 희망과 영감을 얻게 될 것이다.

굉장한 사실은 사회에는 놀라운 능력을 갖춘 리더들이 넘쳐난다는 점이다! 나는 수많은 리더들과 이야기를 나눠보았다. 그래서 도처에 유능한 리더들이 존재하고 있다는 사실을 잘 알고 있다. 대부분의 문제는 리더십이 발휘되지 않으면 미해결인 상태로 머물거나 더 악화된다. 그러나 탁월한 리더십으로 해결하지 못할 문제는 거의 없다.

불행히도 오늘날 너무나 적은 수의 유능한 리더들만이 정계로 진출한다. 시카고대학 연구팀은 필자의 회사인 'ghSMART'의 최고경영자 데이터베이스 보고서를 통해, 최고경영자의 2퍼센트만이 정부조직에 들어가려는 의사를 갖고 있음을 알려준다. 단지 2퍼센트뿐이다. 정치를 한다는 생각이 어찌나 불쾌한지, 대부분의 유능한 리더들은 흥미조차 갖지 않는다. 심지어 나와 대화를 나눈 몇몇 리더들은 정치를 할 생각이 있느냐는 질문을 비웃기까지 했다.

정부가 점점 문제 자체가 되어가면서, 최고의 리더들은 정치에 뛰어들려고 하지 않게 되었다. 그러나 우리가 펌프에 마중물을 붓듯이, 더 많은 리더들이 정부에서 일하도록 할 수 있다면, 관료제로 인한 파멸의 올가미에서 벗어날 수 있을 것이다. 그리고 이때부터 리더정치의 선순환에 탄력이 붙기 시작할 것이다.

리더정치의 주된 외침은 행동을 개시하자는 것이다. 정부에서 일할 리더를 더 현명하게 선택하고, 주변에 존재하는 유능한 리더들이 공공부문에서 재능을 발휘하도록 격려해야 한다. 이는 사회의 최고의 리더들이 공직에서 리더십을 발휘하는 모험에 뛰어들 수 있도록 설득하는 절규이기도 하다. 이 책의 목적은 제구실을 하지 못하고 있는 관료주의로 인한 파멸의 올가미에서 벗어나, 이미 진행 중인 리더정치의 선순환을 확대 재생산하고자 함이다.

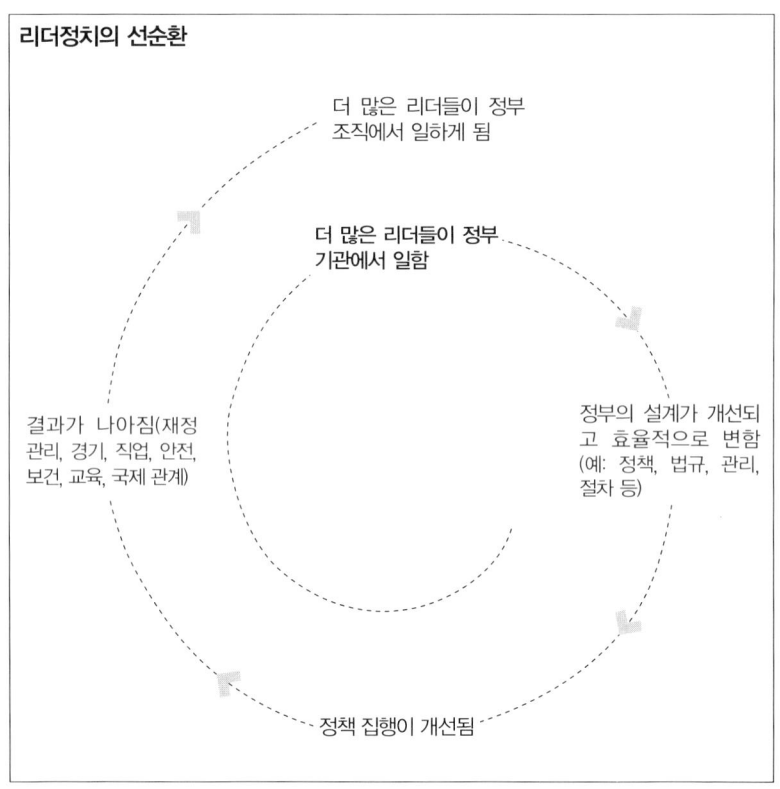

개요

처음 정부라는 '무대'에 올라가서 알게 된 사실들은 충격 그 자체였다. 이 경험에 관해서는 다음 제1장에서 설명하겠다.

사실 나는 히켄루퍼 주지사와 록산느 화이트 비서실장의 리더십 고문으로 일하게 된 것이 낯설기도 했고 걱정도 되었다. 그래서 민간부문에서 일하다가 정부조직에 들어온 다른 리더들을 만나게 해달라고 요청했다. 나는 다른 지역의 주지사인 미치 대니얼스Mitch Daniels 인디애나 주지사와 잭 마르켈Jack Markell 델러웨어 주지사와 같은 리더들과 솔직한 대화를 나눌 수 있었다. 심지어 에라 모르겠다는 심정으로 세계 최고의 긍정 심리학자인 미하이 칙센트미하이Mihaly Csikszentmihalyi 교수에게도 전화를 걸어보았다. 그에게 민간부문의 리더들이 정부조직에서 일정 기간 동안 일할 때, 직업 만족도가 더 클 수 있다고 생각하는지, 아니면 이런 추정이 언급하기에도 민망한 것인지를 물어보았다. 돌아온 답변은 오싹했다.

이 분야에 정통한 사람들과 대화를 나눈다는 것은 매우 흥미로운 일이었고, 대화의 목표는 세 가지의 의문에 대한 답을 들어보고 싶기 때문이었다.

- 정부는 이미 손 댈 수 없을 만큼 무너졌는가, 아니면 과연 유능한 리더가 있다면 변화를 가져올 수 있는가?
- 더 많은 유능한 리더들이 정부조직에서 일할 수 없게 막는 장애물은 무엇이며, 장애물들은 어떻게 제거할 수 있을까?

・정부로 뛰어든 리더의 경우, 자신의 선택을 후회할까? 아니면 그럴 만한 가치가 있다고 생각할까?

예상치 못하게 정부의 세계로 떠밀려 들어왔을 당시, 이미 〈이상적인 리더The Ideal Leader〉라는 비즈니스 리더십에 관한 책을, ghSMART의 동료인 랜디 스트리트, 앨런 포스터Alan Foster와 함께 쓰고 있던 참이었다. 이는 민간부문에서의 위대한 리더십이라는 것이 무엇인지를 재정립하는 작업이었다. 이 책에서는 리더십의 본질을 리더십의 세 박자인 분석, 배분, 조정이라고 강조한다. 책이 출간되려면 몇 년 정도 걸릴 것이기 때문에, 제2장에서는 정부조직의 리더십에 적용할 수 있는 간단한 뼈대만 소개할 것이다.

물론 정부에 더 많은 유능한 리더를 영입할 때 직면할 수 있는 첫 번째 장애물은 어디에서 리더를 찾느냐 하는 문제였다. 제3장에서는 민간부문에는 재능이 넘치고 경험이 많은 리더들이 풍부하며, 민간부문의 리더가 정부조직의 리더 자리에서 큰 성과를 내고 있다는 점에 대해 설명할 것이다.

유능한 리더를 찾아내는 것도 일이지만, 그 리더가 정부조직에 몸담도록 설득하는 일도 쉽지 않다. 정부를 개선할 수 있으리라 여겨지는 리더와 대화를 나눌 때, 대부분은 그러고 싶지 않다고 말한다. 제4장에서는 리더가 정부조직에서 일하는 것을 기피하게 만드는 가장 대표적인 장애물들에 대해 설명하려고 한다. 동시에 현직에 있는 리더의 이야기를 공개할 것이다. 이를 통해 근거 없는 소문이 무엇이고, 정말로 현실에서 일어나는 일들이 무엇인지를 분간하는 데 도움을 주려고 한다.

제5장에서는 리더들이 정부조직에 종사함으로써 얻을 수 있는 이점이 무엇인지 살펴볼 것이다. 유명한 심리학자인 미하이 칙센트미하이가 일에서 행복감을 느끼는 데 필수적이라고 한 '몰입'의 개념과 관련지어 설명할 것이다. 제6장에서는 유능한 리더를 알아보고 선발할 수 있게 도움을 주는 몇 가지 간단한 도구를 제안하려고 한다. 어떤 후보자를 선택할 것인지를 평가하는 데 사용하는 리더정치 점검표를 소개할 것이다.

제7장에서는 리더정치 캠페인을 확산시키기 위해 진행하고 있는 일들에 대해 언급한다. 내가 하는 이 일이 유일한 해결책은 아닐 것이다. 게다가 만약 이 조직이 리더정치를 지원하는 유일한 조직이라면 무척 실망스러울 것이다. 하지만 이 조직은 내가 주장하는 바를 직접 행동으로 보여주고 있으며, 책의 인세도 비영리조직인 이 단체에 전액 기부될 것이다. 이 조직의 명칭은 '리더 이니셔티브(TLI: The Leaders Initiative)'이다. 사회의 최고 리더들을 물색하고 개발, 정부에 배치함으로써 세상을 바꿀 임무를 띤 비영리조직이다. 고상하게 들리겠지만 실제로 하는 일이 그렇고 출발도 좋다. 리더정치의 선순환이 더 빠르고 강력하게 이뤄져서, 결과적으로 우리 모두에게 득이 되도록 하려고 한다. '리더 이니셔티브'는 '티치 포 아메리카(Teach for America, 미 전역의 우수한 대학생들을 선발하여 2년간 도심 빈민지역의 공립학교의 교사로 봉사하도록 하는 단체)'와 비슷하다.

하지만 스물한 살짜리 청년을 저소득지역 학교에서 2년 동안 일하게 하는 대신, 능력이 출중한 민간부문의 리더를 2년간 정부조직의 리더 자리에 배치시킨다. 나 또한 60세를 맞이하기 전에 2년간 전임으로 정부의 리더 자리에 종사하겠다는 리더정치 서약에 이미 서명을 했다. 독자들도 서약을 하고, 주변에 있는 훌륭한 리더들이 그렇게 할 수 있도록 격려해주길 바란다.

마지막으로 제8장에서는 민간부문의 리더가, 정부조직에서 실제로 달성한 성과에 대한 사례를 들려줌으로써, 리더정치가 몽상이 아님을 알려줄 것이다. 이들은 이미 지역사회를 더 안전하게 만들고, 경제적으로 안정되게 만들었으며, 성장을 위한 설계를 잘 해나가고 있다. 또 시민들에게 더 질 높은 삶을 제공하려고 변화를 이뤄내고 있다.

리더정치 캠페인은 이미 진행 중에 있다. 이 책을 다 읽을 때쯤이면 지인에게 꼭 이 책을 읽어보도록 권하고, 현 세대에서 가장 중요한 이 캠페인에 동참할 수 있길 바란다.

* * *

리더십은 더 나은 세상을 만들기 위한 최후의 수단이다.

위대한 리더는 세상을 변화시키고 향상시킨다. 나는 이런 신념을 믿고 이에 따라 행동하는 많은 사람들을 만나왔다. 지역사회를 리더정치의 길로 인도하는 사람들이다.

리더정치 캠페인은 20세기 후반의 우주개발 경쟁처럼 될 가능성이

크다. 둘 사이의 유사점을 비교해보라. 각각 어렵지만 불가능하지는 않으며, 해볼 만한 가치가 있는 도전이 아니겠는가? 1960년대에 달에 사람을 보냈다는 사실을 떠올려보라. 참으로 믿기 어려운 위업이 아닌가!

    이제는 국가가 우주에서의 우위를 놓고 경쟁하기보다는, 정부조직에 종사할 유능한 리더의 수를 놓고 경쟁하게 될 것이다. 만조 때 모든 배가 함께 뜬다는 말처럼, 정부조직의 리더십이 향상되면 모두에게 혜택으로 돌아갈 것이다. 그런 면에서 리더정치 캠페인은 우주개발 경쟁보다 더 중요하다. 국가 부채를 줄이는 일보다 중요하며, 국제무역, 환경, 국제보건보다도 중요하다. 왜냐하면 리더정치는 이 모든 문제를 가장 효과적으로 해결해줄 방법이기 때문이다. 관료주의로서는 결코 도달할 수 없는 곳으로 리더정치가 우리를 인도할 것이다.

    그렇다면 리더정치는 어떻게 실현할 수 있을까? 바로 이 책을 통해 낱낱이 밝히려고 한다. 이 여정에서 발견한 것들을 독자들과 공유할 수 있어서 매우 기쁘고 대단한 영광이라고 생각한다. 일단 유능한 리더들을 정부가 고용하기 시작하면, 우리의 삶도 점점 나아질 것이다. 독자의 삶도, 나의 삶도, 우리 모두의 삶도.

'무엇'이 아닌 '누구'의 문제

"법과 조직은 인간 정신의 진보와 발맞춰 나아가야 한다.
인간 정신이 점점 발전하고 개화함에 따라
조직도 함께 전진하여 시대와 보조를 맞춰야 한다."
—토머스 제퍼슨 Thomas Jefferson

2010년 12월의 추운 어느 날, 어느 고객으로부터 다음과 같은 이메일을 받았다:

제프….
잘 아시는 바와 같이, 저는 이번에 선출된 주지사의 인수위원회 위원입니다. 감사하게도 여러 분의 변호사 및 전문가들이 저를 위해 많은 시간을 할애하고 있습니다. 귀하의 회사에서 내각에 배치할 두세 명의 최종 후보자를 인터뷰해주실 수 있겠습니까? 연말까지는 내정해야 하므로 몇 주 안에 결정을 내려야 합니다. 주지사의 비서실장인 록산느 화이트가 전화로 연락을 드릴 겁니다.

다시 한 번 감사드립니다. 당신의 지원에 대해 콜로라도 주민들도 감사드리고 있습니다.

―블레어 리처드슨Blair Richardson

이메일에 대한 나의 첫 반응은 '절대 그러기 싫어!'였다.

많은 생각이 교차했다.

(나보고 정부를 도우라고? 정부는 희망도 없고 온통 망가져 있어. 도와봤자 무슨 소용이 있겠어? 어차피 파멸할 운명인데. 언젠가 최악의 상태가 닥치겠지. 그러다 가족을 데리고 호주나 다른 어떤 곳으로 이민이나 안 가게 되면 다행이겠지. 새로 선출된 주지사를 도와줘 봐야 무의미한 일이야. 어차피 어떤 리더를 고용하더라도 정치적으로 사람을 뽑을 걸? 몇 주 동안 해결하라고? 오늘이 12월 13일인데! 내 계획은 멋지게 새해를 맞이하기 위해, 기분 좋게 무감각해질 정도로 먹고, 가족과 함께 쇼핑이나 하는 거라고. 시기가 잘 안 맞았군. 아쉽지만 어쩔 수 없어. 안 하겠다고 해야지.)

이런 생각을 하면서 양해를 구하는 말로 답장을 쓰기 시작했다.

'죄송하지만….'

순간 키보드 위에서 손가락이 멈췄다.

어떤 생각이 떠오른 것이다. 블레어 씨는 존경할만한 사람이었다. 친절하고, 품위 있으며, 항상 양복 윗주머니에 반드시 손수건을 꽂을 정도로 성공적인 이미지를 온몸으로 발산한다. 게다가 현명하고, 세계적인 비즈니스 리더로서 인상적인 성과도 달성했으며, 멋진 가정을 꾸리고 있다.

불현듯 '만약 블레어 씨가 돕는 거라면, 상황이 그다지 절망적이지만은 않을지 모른다'는 생각이 들었다. 더군다나 타임지는 새로 임명된 존 히켄루퍼 주지사를, 그가 덴버 시장이었을 당시 '최고의 시장 5인' 중의 한 명으로 선정했다. 게다가 시장 이전에는 비즈니스 세계의 리더이자 사업가였다. 한 번 만나보는 것도 나쁘지만은 않겠다는 생각이 들었다. 사실 같은 업계에 종사하는 사람들 중에서 공공부문에서 일하게 된 사람을 만난다는 건 흔한 일이 아니었다. 정부조직에서 일한다는 것이 실제로 어떤지 궁금했다. 새로 뽑힌 주지사를 만나보는 것도 흥미로운 일일 것 같았다. 나도 그에게 한 표를 던지지 않았던가!

이메일에 적었던 말을 지우고 대신 이렇게 작성했다:

"네, 알겠습니다. 저도 히켄루퍼 씨에게 한 표를 행사했으며, 훌륭한 내각을 구성할 수 있도록, 우리 회사의 전문성을 활용해서 도와드릴 수 있다니 기쁩니다. 주지사의 업무를 성공적으로 완수할지는 어떤 팀을 구성하느냐에 따라 크게 달라집니다. 이번 일에 기여할 수 있어서 큰 영광입니다."

지방 정부에서 하게 된 일은 그 해 내가 했던 일 중에서 가장 신나고, 의미 있고, 흥미로운 것이었다. 그리고 바로 그 과정에서 정부에 대해, 그리고 정부를 어떻게 개선할 수 있는지에 대해 생각을 달리하게 되었다.

여정의 시작

답장을 보내고 나흘 뒤, 고향인 콜로라도 주의 주지사로 당선된 존 히켄루퍼와 록산느 화이트 비서실장과 함께 회의용 원탁에 앉아 있었다. 주요 내각에 누구를 임명할 것인지를 토론하는 자리였다. 주지사는 3주 후에 취임할 예정이었다.

직접 만나본 히켄루퍼 주지사는 전직 기업의 CEO답게 활력이 넘치고, 친절하고 진정성이 있어 보였다. 말할 때마다 반쯤 빗질한 숱 많은 머리 뭉치가 기분 좋게 흔들거렸다. 그러나 눈빛에서는 목표를 향한 강렬함이 뿜어져 나왔다. 그리고 그날 중요한 업무를 처리해야 한다는 분위기를 물씬 느끼게 해주었다. 전직 비영리단체의 최고경영자이자 사회복지 국장이었던 록산느 화이트는 어떤 사람일지 알 수 없었다. 동정심이 넘치는 사람일까? 굉장히 의연한 성격을 지녔다는 이야기를 들었다. 그것이 함께 일하는 데 장점으로 작용할 것인지, 아니면 골치를 아프게 할까? 내가 알게 된 록산느는 주지사만큼이나 활력이 넘쳤다. 주지사의 넘치는 에너지와 시너지를 이뤄 상당히 생산적인 결정을 이끌어낼 능력의 소유자였다.

전직 덴버 시장과 비서실장으로서 두 사람이 잘 맞았던 이유를 바로 알 수 있었다.

형식적이고 격식만 따지는 대화가 오갈까? 리더의 자리를 선정할 때, 내가 비즈니스 모델에 지향적으로 접근하는 것에 대해 주지사가 어떤 반응을 보일 것인지 궁금했다. 나와 그쪽 모두가 시간을 낭비하는 건 아닐까 하는 생각도 들었다. 물론 나는 정부가 회복 불능의 문제를 안고 있다는 마음속 추정을 현실로 만들어버릴 말이나, 행동을 언제든지 맞닥뜨릴 각오를 하고 있었다. 그러나 놀라운 일이 내 앞에서 펼쳐졌다.

대화 분위기는 진지함과 동시에 신선할 정도로 긍정적이고 현실적이었다. 히켄루퍼 주지사는 열성적으로 참여하고 있었고, 내각의 주요 자리를 임명할 때 가능한 한 최선의 리더를 선택하겠노라며 확고한 모습을 보여주었다. 한 번에 하나의 직책에만 초점을 맞춰 후보에 대해 집중적이고 사실에 기반을 둔 적극적인 논의를 해나갔다.

해당 직책에서 해야 할 임무는 무엇인가? 해당 직책에서 달성해야 할 가장 중요한 목표는 무엇인가? 역할을 수행하는 데 필요한 반드시 갖추고 있어야 할 능력은 무엇인가? 각 후보자는 어떤 배경을 갖고 있는가? 점검표의 각 항목에 얼마나 부합하고 부족한지 판단할 수 있을 만큼 충분한 자료가 확보되어 있는가? 심층 면접 전에 살펴봐야 할 기타 질문은 무엇인가?

이런 벅찬 문제 앞에서도 비서실장은 시원시원하고 가능하다는 태도를 보여주었다. 하나의 주제를 철두철미하게 다룬 뒤, 매끄럽게 다음 주제로 넘어갔다. 속으로 고개를 끄덕이며 "이 사람들은 CEO나 사모펀드 회사의 고객들만큼이나 날카롭군. 왠지 일이 잘 되어갈 것 같아. 세상에나, 실제로 작업을 이 만큼 즐기게 될 줄은 몰랐는데"라는 생각이 들었다.

주지사가 보여준 능숙한 리더십에, 애초에 품었던 부정적인 생각은 조금씩 사그라지고 있었다.

첫째, 리더를 선정하는 데 있어서 정치적으로 접근하는 대신, 가장 뛰어난 인재를 고용하려는 것에 명백히 초점을 맞추고 있었다. 이를 보여주는 단적인 예로, 논의를 하는 동안 정당에 대한 언급을 일절 하지 않았다. 단 한 번도 말이다. 다시 한 번 강조해서, 우리는 그날 내각의 자리에 임명할 최적의 후보를 놓고 몇 시간 동안 토론했지만, 도중에 공화당원 혹은 민주당원이라는 단어를 단 한 번도 사용하지 않았다. 나로서는 리더가 선출될 때는 언제나 직책 임명을 둘러싼 정치적 명분이 중시될 것이라고 생각했기에 그 충격은 신선하기만 했다.

둘째, 주지사는 결과에 눈길을 돌리고 있었다. 사회복지 분야에서는 무엇을 달성해야 하며 기한은 언제까지인지, 소요될 예산은 얼마나 되는지, 그 동안 수천 번도 넘게 했던 민간부문의 리더들과 나눈 대화 내용과 별반 다르지 않았다. 그래서 결과와 절차에 대해 아주 솔직히 논의할 수 있었다. 그러더니 정말 놀랍게도 고객이라는 단어를 언급하기 시작했다. 주지사가 시민을 '고객'이라고 지칭한 부분에서 어찌나 깜짝 놀랐던지, 나는 앉아 있던 회전의자에서 뒤로 넘어갈 뻔했다. 주민은 우리의 고객이며 우리가 이 자리에 있는 것은 주민의 투표 덕분이다. 어떻게 하면 세금을 가능한 한 최대한 현명하게 사용할 수 있을까? 우리가 투자하는 시간과 돈을 어떻게 하면 지혜롭게 운영하고 최선의 결과를 낼 수 있을까? 충격이었다.

그런데 곧 이어진 느낌은 또 다른 실망감이었다.
"어쩌면 정부에 희망이 없는 건 아닐지도 모른다"는 생각이 들었다. 일이 순조롭게 진행되던 중 갑자기 사건이 터졌다.
내각의 한 직책을 염두에 두고 이력서를 몇 부 훑어보고 있는데 점점 실망스러워졌다. 논의 중이던 직책은 막중한 책임을 요구했다. 수십억 달러 규모의 정부사업 혹은 부서를 운영할 능력이 필요했다. 수천 명의 직원과 빈약한 성과를 내는 조직을 회생시키기 위해서는 리더의 중대한 책임감이 필요했다.
"이력서 더미에 인상 깊은 후보가 몇몇 있기는 한데, 수가 너무 적네요. A급 목록은 어디 있죠?" 너무 모욕적이지 않길 바라는 마음으로 손을 벌리며 물었다. 그리고 미소를 띠우며 우스갯소리로 "A급 이력서를 따로 두는 비밀 서랍이라도 있는 건가요? 있잖아요, 실제로

30억 달러 규모를 운영해 보았거나, 성공적으로 수천 명의 직원을 거느려 본 사람들이요?"

주지사와 비서실장은 거의 한 목소리로 말했다.

"제프 씨가 말하는 그런 리더는 충분히 확보하기 어려워요. 도통 오려고 하지를 않거든요!"

주지사가 이어서 말했다.

"우리 주에 있는 최고의 리더를 고용할 수 있다면 그보다 더 좋은 일은 없겠죠. 하지만 정부를 불미스럽다고 하면서 오려고 하질 않아요."

"하지만 정부가 불미스럽다는 건 맞지 않나요?" 생각하기도 전에 말이 튀어나와버렸고, 얼마나 무례한 말이었는지를 생각하자 얼굴이 빨개졌다.

주지사는 이 질문을 듣고도 당황해 하지 않았다. 그는 어렴풋 미소를 지으며 이렇게 말했다.

"하지만 꼭 그래야만 하는 건 아니죠. 이번 행정부는 재능과 성과 위주로 가려고 해요. 정부를 3E, 즉 더 우아하고, 효과적이고, 효율적(Elegant, Effective, and Efficient)으로 돌아가도록 만들 겁니다. 그러니 앞으로 우리와 함께 일하게 될 리더들은, 모든 과정에 정치적으로 접근하던 다른 행정부보다는 훨씬 덜 불미스럽게 느끼겠죠. 적절한 환경이 제공된다면 주정부도 리더들에게 엄청난 보상과 의미를 줄 수 있거든요."

('그렇다면 공직이라고 해서 모두 불미스러운 것은 아니로군. 이 사실이 맞

는다면 더 많은 리더들이 정부조직에서 일하려고 하지 않을까? 어쨌든 지금 뛰어난 리더가 부족하다는 건 확실해 보이는군. 그래서 정부가 이렇게 엉망진창이었던 거야.")

"그럼 만약 뛰어난 리더를, 원하는 만큼 모두 얻을 수 있다면 어떨까요? 예를 들어 행정부 내 직책을 흔쾌히 받아들이고 싶어 하는 우리 주 최고의 리더들을 관광버스 한 대에 가득 실어 정문 앞에 내려놓으면요?"

주지사가 재빨리 대답했다.

"지금보다 훨씬 더 좋은 정부가 구성되겠죠. 그건 틀림없는 사실이에요. 근본적인 변화가 일어날 겁니다."

나는 바로 그때 깨달았다. 정부가 고장이 나 있다는 것은 누구나 알고 있다. 그리고 그 문제를 해결하기 위해 지금까지는 '무엇'을 고치는 데에 초점을 맞췄다. 그래서 법과 규정을 새로 제정하고, 정책에 손을 대고, 이념 논쟁을 했다. 그러나 근본적인 문제가 '무엇'에 관한 것이 아니었다면? 근본적인 문제가 '누구'에 관한 것이었다면?

정부에 유능한 리더가 충분히 배치되어 있지 않다는 것이 근본적인 문제라면 어떨까? '그게 사실이라면 무엇을 고치는 데 주력할 것이 아니라, 누구를 바꾸는 데 힘쓰는 것이 이치에 맞겠지.' 원탁에 앉아 있는 내 머릿속에서 내 책 〈누구를 고용할 것인가〉의 마지막 문장이 맴돌았다.

"무언가를 추구할 것이 아니라 '누군가'를 해결하자."

주지사와 비서실장을 바라보며 손가락 여섯 개를 순서대로 접어가며 말했다.

"정부에, 더 많은, 최고의, 리더가, 종사하도록, 하는 것. 바로 정부를 개혁할 여섯 단어 해결책입니다. 그렇지 않습니까?" 나는 어깨를 으쓱하면서 솔직한 평가를 기다렸다.

5초 정도 정적이 흐른 뒤에 주지사가 대답했다.

"네. 맞군요."

12월 어느 날, 그 방에서 나는 주지사에게 나만의 해결책들을 제시했다. 아마도 그 해결책들은 우리 주뿐만 아니라 다른 모든 주 정부에도 적용할 수 있을 것이다. 정부조직에서 더 많은 유능한 리더들이 일을 한다면, 세상 사람들의 삶의 질도 향상될 것이다. 그렇게 한다면 근본적 문제들을 해결할 수 있을 것이다. 하지만 어떻게 실현할 것인가?

"누군가 리더들이 정부조직에 더 많이 들어올 수 있도록 하는 프로그램을 개발하면 좋겠네요. 직접 찾아가서 데려오는 거죠. 정부에 대해 알기 쉽게 설명해주고, 교육도 하는 겁니다. 그런 다음에 일정기간 정부조직에서 일하도록 하는 거죠. 일단 주 단위로 시작해서 결과가 성공적이면, 다른 주에도 알려질 것이고, 연방정부나 다른 주정부, 또 다른 나라에 까지 확산시킬 수 있을 거예요."

"'티치 포 아메리카' 재단도 그랬었죠."

화이트 비서실장이 거들었다.

"약 2년 동안 정부에서 일하게 한 다음, 계속 하고 싶다면 그렇게 하도록 하고, 싫은 사람들은 다시 민간부문으로 돌아가면 되겠네요. 평생 동안 정부에서 일하라는 건 아니니까요." 주지사가 말했다.

서로 눈길을 주고받으며 잠시 침묵이 흘렀다. "누가 나설 것인가?" 시합이 벌어지고 있었다. 눈을 동그랗게 뜨고 눈썹을 치켜 올린채로 바라보는 주지사의 표정은 이렇게 말하고 있었다. ("이봐요, 근사한 아이디어를 낸 똑똑한 양반아, 나는 이미 주지사로 일하고 있고, 나로서는 이미 내가 할 수 있는 일을 다 하고 있거든. 당신은 어떻게 도움을 줄 건가요?")

누군가가 그런 프로그램을 만들어서 시행할 필요가 있었다. 즉 위대한 리더십의 영향력을 믿고, 민간부문에서 공공부문으로 리더를 연결해줄 사람이 필요했다.

(세상에… 제대로 실행하려면 시간이 꽤나 걸리겠는걸. 내가 지금 이런 제안을 수락하려 한다는 사실이 믿어지지 않는군. 지난 40년 동안 정부에 대해 얼마나 회의적이었는데. 깨어 있는 주지사와 단 한 번의 만남으로 정부를 개혁하겠다며 달려들다니.)

그러나 주지사가 제안을 할 때까지 기다리지 않았다.

"제가 하겠습니다.(꿀꺽)" 그래서 두 가지를 하게 되었다: 첫째, 독자가 들고 있는 이 책을 쓰고, 둘째, 제7장에서 등장할 '리더 이니셔티브The Leader's Initiative'를 조직하는 것이었다.

리더만이 해결책이다

나는 유능한 리더를 열정적으로 좋아한다. 나는 그들이 어떻게 조직을 개선하고 변화시켰는지 수 없이 보아왔다. 반대로 무능한 리더가 조직을 이끌면 아무리 정책을 바꾸고 전략을 세워도 변화가 없다. 히켄루퍼 주지사는 이런 사실을 잘 알고 있는 듯했다. 비서실장도 마찬가지였다.

그러나 회의가 끝나고 내 차로 걸어가면서 의구심이 밀려왔다. "이 어마어마하고 두려운 일을 맡아도 되는 걸까. 내가 리더십에 관해 열정을 갖고 있다고 해서, 그것이 사회문제를 해결할 해답이란 보장은 없지 않은가"라는 생각도 들었다.

심리학자인 에이브러햄 매슬로우Abraham Maslow는 "갖고 있는 유일한 도구가 망치라면 모든 것이 못처럼 보인다"고 했다.

(아마도 나는 리더광이니까, 리더십이 정부를 고칠 수 있는 유일한 방안으로 보일지도 몰라. 그렇지만 비즈니스 세계에서 목격했던 리더십 성공사례가 정부조직에는 맞지 않을지도 몰라. 좋은 해결책이 아닐지도 모르고, 어쩌면 난 이 일을 맡을 적임자가 아닐지도 모르지 않는가?)

짐 콜린스Jim Collins는 자신의 저서 〈좋은 기업을 넘어 위대한 기업으로Good to Great, 2001〉에서, 리더에게 '먼저 누구… 그 다음에 무엇'에 초점을 맞추라고 했다. 나의 저서 〈누구를 고용할 것인가〉에서는 고용이라는 목적을 90퍼센트 정도 정확히 성공적으로 달성하기 위한 단계별 방법을 제시한다. 비즈니스 세계에서는 근본적인 해결책이 될 수 있는 그런 방법이 정부조직에도 적용할 수 있을지가 궁금했다.

한편 예전에 친구 한 명도 유사한 아이디어를 제시했었다. 마크 갤로글리Mark Gallogly는 오바마 대통령의 직업 경쟁력Jobs and Competitiveness

위원회 자문위원이며, 센터브리지 파트너Centerbridge Partners를 공동설립하기 전에, 투자회사인 블랙스톤 그룹에서 상무로 있었다. 수 년 전, 그는 나에게 벤저민 프랭클린의 자서전을 읽고, 프랭클린이 했던 것처럼 비즈니스에 종사하는 사람들 중에서 유능한 사람들을 모아, 시민의 관점에서 시대의 쟁점에 관해 논의한 다음, 문제해결에 참여시키던 방식을 모방해 보라고 추천해주었다. 마크는 믿을 수 없을 정도로 똑똑한 사람이었다. 그렇기에 그의 조언을 떠올리면서 바른 길을 걷고 있다고 용기를 얻을 수 있었다.

또한 경험상 새로운 리더가 '무엇'과 씨름하기보다는 '누구'라는 문제를 해결했을 때, 더 성공적이었음을 떠올리고는 더욱 자신감을 얻었다.

나는 다음과 같은 일들을 수 없이 목격했다. 이사회 구성원들이 번드르르하고 넓적한 목재 테이블을 둘러싸고 앉아 있다. 대화는 잘못된 방향으로 흘러간다. 문제가 많은 회사를 진단하고 바로잡으려고 '무엇'에 대해 논의하고 있는 것이다. 이 회사는 이미 몇 년 동안 휘청거려왔다. 이사회가 심각한 상황에 대해 거리낌 없이 말할 수 있도록 최고경영자는 마지막 30분간 자리를 비워준다. 이사회의 논의는 이렇게 진행된다:

먼저 한 사람이 말을 시작한다.

"재정적인 면에서 문제가 여실히 드러나고 있습니다. 수익은 떨어지고 있고 매출도 별로 좋지 않습니다. 재정적인 문제를 어떻게 해결할 것인지 몇 가지 의견을 말하겠습니다."

그러자 다른 사람이 끼어든다.

"아닙니다. 제품에 문제가 있습니다. 다른 회사 제품이 질도 더 좋고, 우리 주력 제품은 적절히 배치되지 않고 있어요. 새로운 제품을 개발하려면 총체적으로 점검해야 합니다."

또 다른 한 명은 이렇게 말한다.

"사실 문제는 세일즈 부문에 있어요. 적절한 판매방식이 구축되어 있지 않거든요."

그러자 내가 손을 들고 말한다.

"여러분은 회사가 처한 '무엇'에 관한 여러 가지 문제를 현명하게 지적하고 있습니다. 그러나 이사회의 역할은 '누구'에 관한 결정을 내리는 것입니다. 바로 적절한 최고경영자를 고용하는 일이죠. 이 회사를 분석할 때 최고경영자에게 문제가 있습니다. 제가 요구하는 바는 여러분의 에너지를 적절한 최고경영자를 고용하는 곳에 쏟고, 새로운 최고경영자에게 모든 문제를 해결하도록 위임하라는 것입니다."

이사회는 결국 이 조언을 받아들인다. 효과 있는 선택이다. 새로운 최고경영자는 뛰어난 사람을 더 많이 고용한다. 조직에 필요한 목표를 분명히 전달하고, 제품의 질을 높이고 세일즈 방식을 개선하기 위한 계획을 수립하고, 긴급함과 책임의식을 갖고 실행한다. 그리고 재정적 성과가 개선된다. 나는 이런 패턴을 많이 보아왔다. '누구'에 대한 문제를 해결하면, '무엇'에 대한 문제는 저절로 해결된다. 최고의 리더가 이런 식으로 정부를 개선하지 못하리라는 보장이 없지 않은가?

 이 원칙을 정부조직에도 적용할 수 있을지 알아봐야 했다. 나는 정부에 관해서는 초보였기 때문에 경험이 많은 사람들에게 조언을 들어야 했다. 만약 정부에 종사하는 리더를 찾아서 인터뷰하고, 실제 그들의 상황을 알아본다면 어떨까?

 그래서 유능한 리더 여러 명을 만났고 그들과 대화를 나눌 수 있었다. 그 리더들과의 대화는 믿을 수 없는 발견의 여정이었다. 이 책의 도처에서 그 여정을 공유할 예정이지만, 유능한 리더와의 대화는 크게 세 가지의 통찰로 연결되었다:

 "유능한 리더는 도전에 정면으로 맞선다. 유능한 리더는 인재를 끌어들인다. 그리고 유능한 리더는 어려워 보이는 상황에서도 관련자들에게 성과를 안겨준다."

 현대사회의 문제를 들여다보면, 정부에 그 어느 때보다도 최고의 리더가 더 많이 필요하다.

유능한 리더는 도전에 정면으로 맞선다

 "지금까지 매력을 느껴온 점은 일방적인 승률이에요." 델러웨어 주지사인 잭 마켈Jack Markell과의 대화 도중에 나온 이 문장은 나에게 용기를 주었다. 정치인으로부터는 정반대의 말을 들을 것 같다. 아니면 적어도 정치인으로부터 기대하는 행동은 이와는 정반대이다. 정치인에 대한 사람들의 생각은, 그들이 큰 게임에 대해 떠벌리기는 하지만,

실제로 도전에 응할 때가 되면 두려운 나머지 꼬리를 내린다는 점이다. 마켈 주지사는 확연히 달랐다. 심지어 목소리조차 다른 정치인들과 달랐다. 자신의 주장을 확실하게 밝혔고, 데이터로 주장을 뒷받침했다. 또한 자기 자신에 대해서도 편안해 보였다. 즉 지나치게 상세하게 설명하려 하거나 호감을 얻으려고 과도하게 노력하지도 않았다. 중고자동차 판매원 같은 번드르르함도 없었다.

"정치에 종사하는 사람들은 모험을 하고 싶어 하지 않아요. 실수를 하면 선거운동에 불리하게 작용하거나 신문 1면에 크게 실릴 수 있으니까요. 그렇기 때문에 주지사로서 가장 중요한 책임으로 느끼는 것은 주정부의 직원들과 다른 사람들이 적당한 위험을 감수하도록 격려하는 일이에요. 위험을 최소화하고 완화하기 위해 항상 노력해야 하겠지만 도전도 감수해야 하죠. 그렇지 않으면 앞서 나갈 수가 없어요."

이러한 자세는 잭 마켈이 주지사로서 연이어 성공할 수 있었던 중요한 요인이었다. 취임 첫 해만 하더라도 그는 세 가지의 치열한 도전에 대해 정면승부를 했다.

8억 달러의 적자에도 불구하고 사람들을 해고하지 않고, 교육계획을 확대하고 환경보호를 증진시키면서도 예산에서 수지를 맞췄다. 다른 주지사들이 공직 첫 해에 달성한 성과와 비교할 때 매우 뛰어난 성과였다.

올바른 방향으로 대담하게 행동해야 한다는 것은, 이야기를 나눈 모든 리더들과의 대화마다 항상 나오는 일관된 주제였다. 미시건 주는 자동차산업이 발달하면서 많은 도전에 직면했다. 몇 년 동안 높은 실업률 때문에 주 재정은 혼란스러웠다. 이때 미시건 주의 주지사로 당선되었다고 생각해보라. 나로서는 상상할 수 없을 것 같아 미시건 주지사에게 직접 물어보기로 했다. 그런데 주지사의 낙관적이고 긍정적인 태도를 보고 또 한 번 깜짝 놀랐다.

미시건 주의 주지사인 릭 스나이더Rick Snider와 대화를 나눌 당시는, 그가 주지사로 취임한지 1년이 채 안 되는 시점이었다. 자신이 이룬 성과에 대한 이야기에서 가장 들을 만한 대목에 이르렀을 때, 그는 흥분을 감추지 못했다. 주지사에 대한 첫인상은, 미국에서 가장 어려운 상황에 놓인 주에서 배의 키를 잡고 있는데도 무척이나 긍정적인 태도를 유지하고 있다는 점이었다.

스나이더 주지사는 동기부여가 되는 구절이 있다며 소개했다. '집요한 긍정적인 행동relentless positive action' 즉, RPA이었다. 그는 해결에 초점을 맞춘 접근방식을 취했다. 심각한 예산 적자, 10년에 걸친 불황, 수많은 경제지표들의 하락 등, 암울한 상황을 개선하려면 최고의 재능을 갖춘 사람들이 필요하다는 점을 깨달은 것이다.

"후보자 명단을 살펴보았는데 좋은 뜻을 갖고 있는 괜찮은 사람들도 여럿 있었어요. 그러나 대부분 정치를 직업으로 삼고 있는 사람들이었지만 문제를 점진적으로 해결하는 방법을 택할 것 같다는 생각이 들었어요. 제가 표방하는 가치 혹은 비전은 '미시건을 완전히 재창조하자'는 거였어요. 그렇기에 외부에서 리더를 끌어오는 방식으로 그 동안의 관행에 도전하고 '예전 방식은 충분하지 않다'고 지적해야 한다고 믿었죠. 제가 당선된 것에 대해 저는 이렇게 말하고 싶습니다. '나는 공약을 완수하기 위해 선출되었고, 해야 할 일은 바로 문제를 해결하는 것이라고요.'"

스나이더 주지사는 정말로 문제를 잘 해결해 왔다. 열한 달 만에 예산 수지를 맞췄고, 앞으로 소개할 다른 놀라운 일들을 개선해 나갔다. 들어볼 만한 소식은 이것이다:

스나이더 주지사의 리더십 아래 최근 블룸버그 통신에서는, 50개 주에 대한 경제적 건전성에 대한 순위에서, 미시건 주를 2위에 올렸다. 스나이더 주지사는 아직도 해결해야 할 문제가 많지만 출발이 좋았다. 거대하고 복잡한 조직의 리더로서 내린 결정이 최종적으로 어떤 결과로 이어질지는 장담할 수 없다. 그러나 그렇다고 해서 까다롭지만 중대한 도전을 회피한다면, 조직은 관료주의로 인한 파멸의 올가미에서 결코 벗어날 수 없다.

유능한 리더는 인재를 끌어 들인다

미치 대니얼스는 인디애나 주의 주지사로 믿기 어려운 성과를 냈다. 그의 성공스토리는 모두를 놀라게 했다. 시카고에 사는 친구들은 그의 명성에 대해 깊은 존경심을 갖고 있어서, 일리노이 주를 인디애나 주 대니얼스 주지사에게 위탁하고 싶다고 농담하곤 했다. 그러나 대니얼스 주지사의 위대한 성과에 대해 잘 알지 못하는 사람들은 그의 리더십을 과소평가한다. 한 번은 뉴욕에 있는 친구가 "미치 대니얼스의 연설을 들었는데 흥미롭지도 않고, 내용도 별로 재미없더라고. 아마도 대니얼스가 대통령에 당선되는 일은 없을 거야"라고 말했다. 나는 반문했다.

"인디애나에서 대니얼스 주지사가 어떤 일을 이뤘는지 알고 있나? 게다가 너라면 겉만 번드르르한 정부가 낫겠어, 아니면 멋진 결과를 이끌어내는 정부가 낫겠어?" 친구는 아무 대답도 하지 못했다.

대니얼스 주지사는, 내가 이전에 정부가 그럴 것이라고 예상했던 모든 가정, 그리고 그런 정부를 개선하려는 노력은 헛수고라는 인식에 맞서 싸워 왔다.

예산 수지를 맞췄고, 서비스를 향상시키고, 치안과 아동 복지에 관심을 집중하는 등, 그가 이룬 업적의 목록은 계속된다. 주지사의 리더십 아래, 다수의 정부 서비스 조직이 문제를 해결하려고 개발한 방법들이 완벽한 평가를 받았고, 다른 주에서 모방하기 시작했다. 대니얼스 주지사는 반드시 대화를 나눠야 할 상대였다.

우리 주의 주지사 소개로 대니얼스 주지사와 전화 통화를 할 수 있게 되었다. 시간을 조정할 수 있는 상황이 아니었다. 주지사의 일정표에 있을 수많은 우선순위를 생각하면 그랬다. 그러니 사고로 아내의 코가 부러져, 대니얼스 주지사와 통화하기로 한 정확한 시간에 수술 시간이 잡히게 되었을 때, 얼마나 스트레스를 받았을지 상상해보라.

통화 일정을 변경하는 대신 어쩔 수 없이 처남의 신세를 질 수밖에 없었다. 아내가 회복하는 45분 동안 처남에게 자리를 맡겨두고 주차장으로 슬쩍 빠져나와 전화를 걸었다. 그 통화로 나는 대니얼스 주지사에게 감동을 받았다. 그는 나에게, 정부는 가망이 없으며 영원히 문제일 수밖에 없는 불행한 운명이라는 가정이 틀렸음을 확고하게 입증해주었다.

선거유세를 하던 때를 떠올리며 대니얼스 주지사가 말했다. "열을 올리며 연설을 하던 정말 많은 밤을 기억해요. 이렇게 떠들곤 했죠. '변화의 필요성을 인식한 사람들이 돌파구를 마련한다면, 뛰어난 재능과 이상적인 변화를 믿는 어느 개인이 도움을 줄 것이라고 확신합니다.'"

그리고는 유세 차량으로 돌아와서, "이런 허풍쟁이 같으니라고. 네가 그걸 어떻게 알아?라고 생각하곤 했죠. 그런데 일이 일어난 겁니다. 정말로 일이 일어난 거죠."

그 뛰어난 능력을 가진 개인 한 명이 바로 이 책에 나오게 될 얼 구드Earl Goode다. 들어보니 마치 리더 올스타 팀인 것 같은 구성원을 어떻게 구성했는지 주지사는 자세히 설명했다.

"결국 뛰어난 인재로 구성된 조직을 결성하게 되었는데, 그 점이 행정에 막대한 영향을 끼쳤죠."

유능한 리더는 인재를 끌어들인다. 그들은 리더십 재능에 초점을 맞춘다. 그 이유는 성과를 개선할 가장 좋은 방법은 가장 실력이 있는 사람들로 이뤄진 팀을 구축하는 것임을 잘 인식하고 있기 때문이다. 인재가 눈앞에 보이면 그를 알아보고 퍼올린다. 인재를 끝까지 찾아내고, 성과에 기여할 수 있는 사람을 끌어들이기 위해서라면 무엇이든 감내한다. 델러웨어 주의 주지사인 잭 마켈도, 많은 경험과 새로운 아이디어를 투입하기 위해, 행정부를 구성하면서 다양한 연령대와 다양한 집단에서 인재들을 끌어왔다고 말했다.

재능 있는 사람은 유능한 리더와 일하기를 원한다. 갖고 있는 기술이 유용하게 쓰일 것이며, 도전에 직면할 것이고, 새로운 기회가 주어지리라는 것을 알기 때문이다.

대니얼스 주지사가 일군 성과들에 대해서는 이후의 장에서 더 설명할 것이다. 한 가지 명백한 사실은 그가 자신이 이룬 모든 성공에 대해, 주정부에 속한 인재들에게 공을 돌렸다는 점이다.

"우리가 크게 유리했던 점은 주정부의 모든 사람들이 근본적으로 이 분야에 있어서 신인들이었다는 점이에요. 예전에 정부에서 일해본 사람들은 거의 없었습니다. 중국인의 표현을 빌자면 '어린아이의 눈'을 갖고 들어왔죠. 그리고 그것은 큰 이점이었어요. 온갖 종류의 옳은 질문을 해댔던 거죠. '왜 그렇게 해야 하죠? 다른 방법으로 시도하면 안 되나요?'라는 식으로요."

미치 대니얼스를 공직에 앉히면 한 명의 유능한 리더만을 얻게 되는 것이 아니다. 그 한 명의 유능한 리더가 수십 명 혹은 수백 명의 또 다른 능력이 뛰어난 인재들을 끌어들인다. 그리고 그들은 관료들이 흔히 생산하는 허풍, 스캔들, 역기능 등을 잠재우고 그 이상의 것들을 생산해낸다. 유능한 리더는 분명히 성과를 낸다.

유능한 리더는 뛰어난 성과를 낸다

프레드 슈타인그래버Fred Steingraber는 작은 일을 이루고 싶었다. 바로 일리노이 주의 케닐워스Kenilworth 시에 사는 시민들이 원하는 게 무엇인지 알아내고, 그들의 기대에 부응할 수 있는 결과를 내놓을 방법을 찾고 싶었다. 프레드의 얼굴은 동글동글하고 지혜로워 보이며 직사각형 안경을 끼고 있었다. 목소리에는 극적인 면이 있어서 오래 전 스포츠 아나운서 하워드 코셀과 비슷한 느낌을 주었다.

프레드는 시장으로 뽑히자마자 인수위원회에서 이렇게 말했다.

"먼저, 우선순위 목록을 만들 겁니다. 이 목록의 일부 항목들은 상당한 시간과 비용투자를 수반할 겁니다. 시청 직원들이 어떤 것에 가장 중점을 두는지, 시민들이 삶의 질, 서비스, 비용 면에서 우리에게 무엇을 기대하는지 알고 싶습니다. 자원을 어떻게 배분하는지에 대한 투명성을 요구하는 겁니다.

두 번째로, 비용을 줄일 수 있는 모든 선택지를 샅샅이 조사하기 전에는 세금을 올리지 않을 겁니다.

세 번째로, 우리가 하는 모든 일을 반드시 투명하게 공개해야 합니다."

투명성은 리더의 위치에 있는 많은 사람들에게 두려운 일이다. 왜? 실패한 결과물들이 두드러져 보일 수 있기 때문이다. 그러나 유능한 리더들은 투명한 공개를 필수적이라고 생각한다. 유능한 리더는 뛰어난 성과를 이끌어내는 것에 전념한다. 이 과정에서 투명성은, 시민이자 고객들인 자신의 요구가 얼마나 충족되고 있는지를 알 수 있게 해준다.

"정부에서 무슨 일이 일어나고 있고, 어떤 일이 추진되고 있으며, 결과는 어떠했고, 사업을 완수하는 데에 들어가는 비용과 일정은 어떤지를 정기적으로 소통하려 합니다." 프레드의 말이다.

현재 정부에 포진한 리더들이 이끌어내고 있는 놀라운 성과에 대해서는, 이 책을 통해 더 많이 들려줄 것이다. 수지의 균형을 맞추고, 서비스의 질은 나아지며, 낭비는 줄어들고, 생활수준이 높아진다. 불행히도, 모든 곳에서 이런 결과가 나타나는 건 아니다. 오히려 대부분의 곳에서는 그렇지 않다. 미국 헌법을 제정한 제퍼슨, 워싱턴, 프랭클린 등은 뛰어난 리더들로 이뤄진 집단이었다. 미국 헌법 제정자들이 견제와 균형을 원했던 이유는, 권력이 한 사람의 손에 주어지지 않도록 하려는 의도였을 것이다. 일리 있는 추측이다. 그러나 지금의 정부에 만연하고 있는 낭비의 누적과 비효율성, 역기능도 의도된 것은 아닐 터이다. 정부에 오늘날, 1776년에 야심차게 민주주의를 시도했던 집단이 갖춘 실력의 언저리에도 못 미치는 사람들이 대거 포진하고 있는 것은 우연이 아니다.

지금은 은퇴한 트랙터 서플라이 컴퍼니Tractor Supply Company의 전설적인 회장이자 스칼렛 리더십 인스티튜트Scarlett Leadership Institute의 설립자인 조 스칼렛Joe Scarlett에게, 오늘날 정부에서 일하는 리더의 자질에 대해 물었다. 조의 목소리는 크고 우렁차서 할아버지의 호통소리 같았다. 그는 내가 방금 했던 질문을 되물으며 이렇게 말했다.

"정부에 최고의 리더들이 종사하고 있다고 생각하느냐고? 아니지, 전혀 아냐. 바람직한 기준에 근접하지도 못하고 있지. 어느 조직이든, 즉 정부조직이든 혹은 비즈니스 조직, 비영리조직이든, 유능한 리더가 이끄는 조직은 효과적으로 기능하게 되어 있어. 리더의 자질은 조직의 성과에 반영되는 법이지. 유능한 리더는 조직이 나아가야 할 방향과 가치구조를 설정하고, 구성원들에게 권한을 위임하지. 오늘날 정부에는 사실상 유능한 리더도 없고, 분명한 방향성도 없고, 명확한 가치구조도 정립되어 있지 않아."

정부가 현재와 같은 상황에 놓이게 된 이유는 정부조직에 뛰어난 리더가 부족하기 때문이다. 그러므로 우리의 초점을 '무엇' 즉, 규정, 법률, 정책, 이데올로기를 개선하려고 노력할 것이 아니라, '누구'라는 문제를 해결하는 방향으로 옮겨가야 한다.

리더정치에 대한 논의

1. 정부를 개선하는 것은 '닭이냐 달걀이냐'의 문제이다. '누구'를 개선하는 것부터 시작해야 할까, 아니면 '무엇'을 고치느냐부터 시작해야 할까? 어떻게 생각하는가?

2. 리더를 평가할 때, 그의 리더십 재능과 추구하는 정치 이념 중에 무엇이 더 중요한가? 다시 말해, 자신이 추구하는 정치이념과 딱 들어맞지만 그다지 대단하지는 않은 리더십을 가진 사람과, 정치이념이 딱 들어맞지는 않지만 커리어를 통해 탁월한 리더십을 보여준 사람 중에서, 당신은 어떤 사람이 당신을 대변해주길 바라는가?

3. 정부의 어떤 부분이 민간부문과 유사해서 그와 비슷하게 운영되어야 하고, 정부가 성공하기 위해서는 민간부문과 어떤 점이 달라야 한다고 보는가?

리더십의 3A

"당신의 행동이 다른 사람으로 하여금 더 많은 꿈을 꾸게 하고,
더 많이 배우게 하고, 더 많은 일을 해내게 하고,
더 위대한 존재가 되도록 영감을 준다면,
당신이 바로 리더이다."
—존 퀸시 애덤스 John Quincy Adams

"아마도 우리가 성취한 가장 중요한 일이, 사실 가장 알려지지 않았을 겁니다." 얼 구드 Earl Goode는 미치 대니얼스 주지사의 비서실장이다. 그가 나에게 이렇게 말했을 때 어떤 내용을 말하려고 그러는지 감이 잘 잡히지 않았다. 하지만 끝내주는 성공스토리라는 것은 어렴

풋이 짐작할 수 있었다. 뒤에서 밝히겠지만 그의 주장은 리더십이란 어떠한 결과를 이끌어내는 일련의 행동이라는 진리를 보여준다. 리더십은 어떤 '직책'이 아니라 일종의 '행동'이다. 얼은 남부 억양이 강한 사투리를 썼지만, 부드럽고 명쾌한 목소리로 자신의 주장을 강조할 때는 서슴없이 감정을 드러냈다.

처음에 얼은 주정부의 행정장관으로 대니얼스 주지사와 함께 일하기 시작했다. 물품 조달, 인사, IT, 그리고 다수의 다른 분야에 대한 책임을 맡았다. 그는 거기서 매우 비효율적이고 원활하지 못하며 낭비가 많은 관료주의를 발견할 수 있었다. 얼이 말했다.

"미치 대니얼스가 주지사로 임명되었을 당시, 70~80개의 독립적이고 자율적인 정부조직이 존재했습니다. 그런데 서로 다른 이메일 시스템과 음성메일 시스템을 사용하고 있었어요. 모든 행정부에 일반적으로 있는 회계제도도 없었고 표준 인사체계도 없었죠. 각 조직들은 대부분 정보관리 최고책임자, 인사부장, 법률고문 등의 직책을 따로따로 갖고 있었고, 유일하게 모든 조직이 공통으로 갖고 있던 것은 의회를 통과한 몇 가지의 법령뿐이었습니다. 물품조달 시 조직은 제각각 결정을 내렸고, 좀 더 규모가 큰 조직에서는 다수의 분산된 장소에서 독립적으로 연료나 원자재, 그리고 물품들을 조달하고 있었죠.

하지만 이제는 하나의 대규모 체제로 운영하고 있습니다. 재정 시스템도 하나, 인사 시스템도 하나에요. IT도 집중화했습니다. 그래서 실시간 재정, 실시간으로 기계화된 물품 조달이 가능해졌죠. 그 결과 대부분의 조직에서는 더 적은 비용으로 더 많은 성과를 낼 수 있게 되었습니다."

특히 더 적은 비용으로 더 좋은 성과를 내는 놀라운 결과를 이끌어 냈다. 대니얼스 주지사가 이끄는 행정부는 모든 것을 집중화하고 전략적인 구매를 통해 연간 3천만 달러 이상의 비용을 절감할 수 있었다. 또 '바이 인디애나Buy Indiana'라는 프로그램을 추진함으로써, 주 내에 기반을 둔 기업에서 구매하는 액수를 60퍼센트에서 90퍼센트로 높였다. 또 2004년부터 2010년까지, 급여지급 총액과 수당도 1억 달러 이상 절감했다. 이런 행정적 책임을 집중화라는 변화를 통해, 2년이라는 짧은 시간 동안에 세금도 인상하지 않고 막대한 적자를 12억 달러 흑자로 전환시켰다.

실시간 성과확인도, 미치 대니얼스 식 정부운영의 특징이라고 할 수 있다. 다른 주에서는 이런 방법이 행해지지 않는다. 얼은 이렇게 말했다. "우리 내각의 위원 한 명이 우리 주보다 훨씬 큰 주로 영입되었는데, 몇 달 뒤에 방문차 왔기에 그곳은 어떠냐고 물어봤습니다. 그랬더니 '한 가지는 확실히 달라요. 예전에는 소속기관에서 무언가를 했을 때 상관인 여러분은 그 일에 대해 24시간 이내에 알 수 있었죠. 하지만 지금은 제가 무언가를 하면 윗선에서 그 일에 대해 알 때까지 3년은 족히 걸릴 겁니다'라고 말하더군요."

얼은 이 대목을 웃으며 언급했지만 나는 차마 웃을 수가 없었다. 이런 생각이 들었다. '얼마나 많은 지역에서 이렇게 왼손이 하는 일을 오른손이 모르는 상황이 일어나고 있을까? 최악의 상황으로 두 손이 무엇을 하고 있는지 머리가 아예 모르고 있는 곳도 있을지 몰라.'

정부 내에 있는 리더들과 더 많은 대화를 나눌수록 내가 ghSMART의 동료들과 현재 분석하고 있는 아이디어와 일치한다는 것을 알 수 있었다. 리더십에 대해 우리가 세워놓은 뼈대는 비즈니스 조직이나 비영리조직에 잘 적용할 수 있는데, 이는 정부 조직도 마찬가지다. 사실 리더십은 사람이 다른 누군가를 이끌어가는 상황에서는, 그 어떤 상황에도 적용할 수 있다.

리더십이라는 재능은 선천적일 수도 있고 후천적일 수도 있다. 하지만 뭐라고 딱 잘라 말하기 어려운 특질도 아니다. 우리는 리더십을 행동을 수행하는 것이라고 생각한다. 누구든지 행동을 수행하는 기술을 배우고 개발할 수 있다. 어떤 사람은 이런 기술을 개발하지 않기 때문에 리더로서 능숙하게 수행하지 못한다. 또 어떤 사람은 리더십 기술을 개발함으로써 유능한 리더가 된다.

'유능한 리더'에 대한 정의를 내려 명확히 하도록 하겠다.

유능한 리더란 한 집단이 무엇을 원하는지 확인하고,
그것을 얻을 수 있는 방법을 찾아준다.
또한 집단에 영향력을 미쳐서 강제하지 않고도,
사람들이 지향하는 결과를 달성할 수 있도록
조직화된 행동을 취하게 만든다.
이를 통해 유능한 리더는 다른 리더들이 성취하는 것보다
훨씬 더 많은 성과를 얻어낸다.

"리더십의 3A

(분석 Analyzing**)**
기대하는 결과가 무엇이며 그것을 어떻게 이뤄낼 것인지 알아낸다.

(배분 Allocating**)**
비용, 시간, 사람과 같이 희소한 자원을, 낭비되는 곳에서 끌어와 최대한 활용할 수 있는 곳으로 모으는 계획을 수립한다.

(조정 Aligning**)**
계획에 따라 조직화된 방식으로 행동함으로써, 사람들이 원하는 결과를 이끌어내도록 영향을 미친다."

리더로서 행동한다는 것은 다른 사람이나 혹은 집단을 위해 할 수 있는 가장 도전적이고 기쁜 일이기도 하다. 리더는 인간의 상태나 조건을 향상시킨다. 일이 더 잘 굴러가게 하고, 심각하거나 절망적인 상황을 개선한다. 그리고 생명을 구한다.

최근 세계의 뛰어나고 위대한 리더를 떠올려보자. 넬슨 만델라, 스티브 잡스, 테레사 수녀, 빌 게이츠 등. 이들은 모두 뛰어난 리더십으로 인간의 삶을 변화시키고 더 나아지게 했다. 즉 자유를 쟁취하거나, 첨단기술을 모두가 사용할 수 있도록 하거나, 저소득 지역 사람들의 생활을 향상시키거나, 모든 삶은 동등하게 가치가 있다는 사상을 확대시킨 세계적인 재단을 창조했다. 그렇다면 유능한 리더가 이런 뛰어난 성과를 내기 위해서는 어떤 일을 할까?

리더십의 3A

교육의 3R, 읽기 reading, 쓰기 'riting, 산수 'rithmetic에 대해 들어봤을 것이다. 전 세계적으로 이 세 가지는 교육제도의 기본 구성요소이다.

마찬가지로 도표에서 보는 것처럼 리더십도 세 개의 구성요소로 이뤄져 있다. 분석, 배분, 조정 이 세 가지 행동 유형을 ghSMART에서는 '리더십의 3A'라고 칭한다.

ghSMART의 동료들과 나는, 유능한 리더가 최고의 성과를 이끌어내려면 이 세 가지를 잘 이해하고 있어야 한다는 사실을 깨달았다.

리더십의 3A의 예로는 인디애나 주의 이질적이던 여러 조직을 집중화해서 하나의 대규모 체제로 변화시킨 얼 구드와 미치 대니얼스가 있다. 문제의 본질을 알고 집중화할 수 있는 것과 그렇지 않은 것을 파악하기 위해서는 세밀한 '분석'이 필요했다. 그 다음 단계로는 불필요한 중복을 없애고 효율을 높이기 위해, 자원을 각 조직에 적절하게 '배분'하는 것이었다. 그리고 새로운 계획을 실행하기 위해 조직과 구성원들을 '조정'해야 했다. 조정을 거친 구성원들이 그날그날 하는 일들이 모이면 기대하는 결과가 도출될 것이다.

지금은 어느 때보다 공공부문에 3A에 능통한 리더가 필요한 시점이다. 유능한 리더가 갖춘 3A는 당신이 가장 좋아하는 음악을 연주하고 있는 피아니스트의 건반과도 같다. 또는 부엌에 수납장을 설치하는 숙련된 목수의 손에 들린 도구와도 같다. 사랑하는 사람의 심장에 난 구멍을 고쳐줄 유능한 외과의사의 손에 들려 있는 의료기구와도 같다.

이 리더십의 3A를 확인하는 데는 16년이 걸렸다. 리더에 대한 수천 건의 면밀한 평가와 시카고 대학의 스티븐 카플란Steven Kaplan에 의한 연구, 수많은 사업가, 최고경영자, 그리고 교육, 정부, 군사, 비영리 권역을 포함한 다양한 부문의 리더들을 직접 인터뷰해야 했다. 그런 다음 마지막으로, 복잡한 리더십의 정수를 추출해서 세 가지 행동양식으로 간추렸다. 이 주제를 자세히 다룬 책은 〈이상적인 리더*The Ideal Leader*〉라는 제목으로 곧 출간될 예정이다.

리더정치 캠페인이 너무나 중요하기 때문에 3A의 요점을 파악할 수 있도록, 책이 나올 때까지 기다리게 할 수 없었다. 그래서 3A가 무엇인지, 어떤 느낌인지, 정부에서 일하는 유능한 리더를 파악하거나 자신이 유능한 리더가 되려면 3A를 어떻게 활용할 것인지 참고하기 바란다.

분석 Analyzing

프레드 슈타인그래버는 일리노이 주의 케닐워스 시장이 되기 전, '블루리본 전략연구위원회'라는 모임을 이끌었다. 이 위원회는 시 재정이 3년 연속 적자를 기록하자 이를 해결하기 위해 만들어졌다. 또한 이 위원회의 설립 목적은 지속 가능한 균형 잡힌 예산을 수립하기 위한 계획을 개발하기 위함이었다. 위원회를 발족하면서 프레드의 사실에 기반을 둔 문제해결 방식에 약간의 정치적 저항이 따랐다.

그러나 프레드는 전혀 동요하지 않고 위원들에게 이렇게 말했다.

"보세요. 이 의원회를 어떻게 이끌어갈 것인지에 대한 이해가 필요합니다. 위원 개인의 정치적 견해를 떠나 공이 골대를 향해 나아갈 수 있도록 하는 유일한 방법은, 사실과 데이터에 기반을 두고 분석하는 것이죠. 면밀한 조사에 의해서 연구가 이뤄져야 합니다. 또 여러 가지 문제해결 방식의 장점을 파악하기 위해서는 설문조사를 해야 합니다."

결국 동료 위원들은 요구분석과 품질조사를 하자는 요구에 응하기로 했다.

"우린 모든 시민들에 대해 종합적인 조사를 실시했으며, 시에서 제공하는 모든 서비스의 만족도에 대해 등급을 매기고 평가했습니다. 격차가 큰 분야를 확인해야 했으니까요. 즉 가장 중요한 영역임에도 불구하고 질적인 측면과 서비스가 취약한 부분을 말입니다."

동시에 프레드는 위원회로 하여금 다른 도시에서 벤치마킹할 자료를 수집하도록 했다. 위원회는 이렇게 해서 얻어진 정보를 책정된 비용, 제공되는 서비스, 생산성과 같은 것들을 평가하는 데 활용할 수 있었다. 17개월이 걸렸지만 위원회는 마침내 우선순위 설정과 서비스 개선, 수지 균형을 맞추는 데 필요한 권고를 내릴 수 있었다.

유능한 리더는 조직의 요구와 우선순위를 분석하는 것부터 시작한다. 그들은 또 어떤 결정이나 전략의 결과에 영향을 미칠만한 집단 내부의 요소를 분석한다. 그리고 다른 유사한 조직과 비교해서 상대적인 지위를 가늠해 본다. 마지막으로 하는 일은 가장 중요한 것이기도 한데, 이 같은 정보를 시민들과 공유한다.

분석은 마치 무언가를 알기 위해 '공부'한다는 느낌이 든다. 지저분하게 캐물어야 하는 과정이기도 하다. 탐정 일처럼 느껴질 수도 있다. 리더는 현장에 있는 사람들과 대화를 나누며, 조사를 통해, 수치와 정보를 검토하면서, 문제 혹은 기회의 본질에 대해 심사숙고하면서 통찰력을 얻는다. 그런 다음, 처음에 세워두었던 가설을 검증한다.

결국, 분석은 리더에게 중요한 질문에 대해 해답을 얻게 해준다. "제품 판매가 왜 저조할까?" "학교를 떠나는 아이들이 많은 이유는 무엇일까?" "시민들이 만족할 수 있도록 수지 균형을 맞출 방법은 무엇일까?" 등의 질문이 그것이다.

분석에 시간을 충분히 투자하지 않는 리더는 돌다리를 두드려 보지 않고 건너는 것과 같다. 반대로 분석에 너무 많은 시간을 투자해도 안 된다. 분석이 부족하면 지역에 성공이나 실패를 가져오는 핵심적인 쟁점이 무엇인지를 파악하기보다는, 지엽적인 문제를 먼저 해결하게 될 경우가 있다(해결책을 찾기가 더 쉽기 때문에).

델러웨어 주지사인 잭 마켈에 의하면 뛰어난 분석가는 질문을 많이 하고 답변에 세심한 주의를 기울인다.

"제가 갖고 있는 매우 중요한 리더십 기술은 경청하는 것입니다. 잘 들으려면 먼저 어떤 질문을 해야 할지 잘 알고 있어야 하죠. 그래서 저는 질문을 굉장히 많이 하는 편입니다. 질문은 계속 다음 단계로 파고들어가며, 사람들이 정말로 성취하고자 하는 것이 무엇인지, 그리고 그걸 달성하려면 어떻게 해야 하는지를 파악하려고 노력하죠. 또한 올바른 해결책을 파악하기 위해 추가적인 질문이 없는지를 고민하고, 혹은 문제를 잘못 바라보고 있는 건 아닌지를 알기 위해 반대 의견을 많이 들어 줍니다. '찬성표'만 던지는 사람을 원하는 건 아니니까요."

경청의 힘은 얼 구드가 초창기 미치 대니얼스 주지사에게 받았던 인상을 통해서도 알 수 있다.

"그의 말에 감탄한 것이 아니라 경청하는 방식에 깊은 인상을 받았었죠. 질문을 다루고 넘어가는데 형식적인 답변을 내놓는 것이 아니라 사려가 깊었어요. 그때 생각했죠. 언젠가 혹시 정부에서 일하게 된다면, 이런 사람 밑에서 일하고 싶다고요."

분석을 특별히 잘하는 리더를 '통찰력이 있다'거나 '전략가'로 부르기도 한다. 이런 리더들은 지능도 매우 높을 경우가 많다. 그래서 이들은 공부만 잘하는 샌님처럼 비춰질 수도 있는데, 이런 성향은 정부에서 일할 때 문제가 될 수 있다. 유권자들은 멋진 연설 능력을 가진 사람은 높이 사지만, 분석하는 기술에 대해서는 높게 평가해주지 않기 때문이다. 이런 이유 때문에 유능한 분석가들이, 정부가 필요로 하는 만큼 당선되지 않는 것이다.

그러나 사회가 우선순위를 파악하고, 복잡한 문제에 대한 올바른 해결책을 찾아내야 할 때, 반드시 뛰어난 지적 능력을 가진 분석가가 필요하다. 빌 게이츠를 떠올려보라.

언젠가 빌 게이츠가 TED 강연회에서 강연하는 것을 들을 기회가 있었다. 그는 청중들에게 마이크로 소프트 사와 주변에서 이뤄지는 수많은 분석에 대해 생각해 보라고 말했다. 마이크로 소프트 사에서는 아주, 아주 많은 IQ 지수 – 경영 간부, 업계 분석가, 재정 담당자, 이사회, 고객 집단 등 – 가 모여 회사 내부 및 외부 환경 분석에 열중하며, 기업의 성과를 극대화하기 위한 방안을 모색한다. 게이츠는 이어서 자신이 아는 대부분의 사람들은 정부(특히 주 정부를 지칭함)에도 이에 상응하는 탄탄한 '두뇌 집단'이 있을 것으로 믿는다고 말했다. 그는 무대 위에서 아무 말도 없이 몇 걸음을 옮긴 뒤 이렇게 결론 내렸다.

"그러나 아쉽게도 정부에는 그런 두뇌집단이 존재하지 않습니다."
청중들은 동의한다는 뜻으로 허탈한 웃음을 터뜨렸다.

빌 게이츠의 주장은 영화 '인디애나 존스: 저주 받은 사원'의 한 장면을 떠올리게 했다. 악당은 이미 비행기에서 낙하산을 타고 탈출했고, 비행기가 조종사도 없이 산으로 날아가던 장면이 기억나는가? 이때 야회복을 입은 여주인공이 비행기가 산과 충돌할 것이라는 사실을 깨닫고, 두려움이 가득한 얼굴로 빈 조종석을 확인한 뒤, 인디애나를 흔들어 깨우면서 "아무도 비행기를 조종하고 있지 않아요!"라고 소리친다.

빌게이츠는 마이크로 소프트 사와 세계 최대의 자선단체를 설립했다. 또한 2005년에는 타임지에 의해 '올해의 인물'로 선정되었고, 세상 모든 책상 위에 컴퓨터가 자리 잡도록 하는 데 지대한 역할을 했다. 그런 빌 게이츠가 만약 선거에 나간다면, 과연 유권자들에게 선택받을 수 있을지는 알 수가 없다. 인류 역사상 리더십 사례 중에서 가장 인상적인 스토리의 주인공임에도 불구하고, 빌 게이츠와 같은 사람들이 공직에 출마할 경우, 시민들과 기자들은 그가 낙선할 것으로 보고 이렇게 말할지 모른다.

"너무 범생이 같다." "너무 똑똑해 보인다." "뛰어난 연설가는 아니다." "너무 별나다."

이런 현상은 우리에겐 큰 손실이 아닐 수 없다.

다행히도 일리노이 주의 케닐워스 시민들은 자신들에게 필요한 분석가였던 프레드 슈타인그래버를 시장으로 선택했다.

우리 사회는 복잡하다. 갖고 있는 문제도 복잡하다. 존재하는 문제를 정밀히 진단하고 해결하기 위해서는 지역, 주, 연방조직에 더 많은 유능한 리더들이 입각해야 한다.

배분 Allocating

린 존슨Lynn Johnson이 콜로라도 주의 제퍼슨 카운티의 사회복지부 책임자로 임명되었을 때였다. 계획된 사업 하나가 어려움에 직면해 있었다. 원조 식량을 제 시간에 배급하지 못하는 정부의 무능함에 대해 부정적인 신문 기사가 매일 나오고 있었다. 이는 심각한 상황이었다. 해당 부서의 임무가 가장 형편이 어려운 하위 10퍼센트의 사람들에게 식량, 주거, 일자리를 제공하는 일이었기 때문이다. 전임자는 많은 비용을 들이면서도 바라던 결과의 일부만을 달성하고 있어서 시민들은 어려움을 겪고 있었다.

린은 곧바로 이 문제를 해결하기 위해 팔을 걷어붙였다. 먼저, 도움을 필요로 하는 사람들, 즉 고객에게 초점을 맞췄다. 부서의 좌우명은 '존엄과 존중'이었다. 이러한 단순한 전환이 정부 조직과 지역사회 도처에 긍정적인 파급 효과를 불러왔다. 서비스의 질에도 극적인 변화가 일어났다. 한 극빈자 여인이 사무실로 찾아와서 자신들에 대한 존중과 전문성에 경의를 표한 것이다. 그녀가 정부의 담당자에게 말하기를 "수년 동안 정부지원을 받아왔지만 요즘처럼 사람대접을 받아본 건 처음이에요. 덕분에 예전과 다른 방식으로 제 자신을 돌아볼 수 있게 되었어요. 감사드립니다."라고 한 것이다.

린의 다음 큰 행보는 에드워드 데밍Edward Deming이 주창한 '린 경영 lean management'을 실현하는 것이었다. 조직의 리더와 함께 모든 중요한 절차에 대해 로드맵을 작성했다.

"우리가 하는 모든 일에 대해 고객과 직원의 입장에서 그려 보았죠. 그렇게 한 목적은 낭비를 없애려는 것이었죠. 또한 고객에게 더 나은 가치를 제공하고 싶었습니다. 그리고 중단해야 할 업무 목록도 만들었어요. 기존의 20단계를 9단계로 줄였습니다. 그 결과 직원들은 근무시간의 75퍼센트를 고객과 보내고 있습니다. 종전처럼 75퍼센트의 시간을 부가가치가 적은 행정업무에 더 이상 사용하지 않게 되었습니다."

마지막으로, 린은 지속적인 개선과 높은 성과를 조직 문화로 정착시켰다. 회의는 새로운 정보를 업데이트 하는데 그치지 않고 문제를 해결하는 시간이 되었다. 또 그녀의 부서가 어떤 부분에서 성공적이었고 또 어떤 부분에서 실패하고 있는지를 보여주는 보고서도 작성했다. 부서의 책임이 늘어나자 그녀의 리더십 아래 있는 주 정부 직원들의 사기도 높아졌다. "승리는 패배보다 즐거워요. 좋은 결과가 나오기 시작하자, 팀원들이 이 일이 재미있을 것으로 생각하지 않았는데 이제는 너무 즐거운 마음으로 일하고 있다고 말하더군요."

린의 지도 아래 제퍼슨 시의 사회복지부는 고객 서비스 부문에서 연방 보건복지부가 수여하는 상을 받기도 했다. 수상 내역은 '고객 서비스의 완전한 개혁'이었다. 수상 소감을 요청받았을 때 린은 이렇게 말했다.

"모든 일을 가능하게 하는 최고의 팀이 있었기에 가능했습니다. 그들 없이는 결코 해낼 수 없었을 겁니다."

멋진 이야기가 아닌가? 나는 너무 감명을 받은 나머지 콜로라도 하원 분과위원회에 상정된 '린 정부 법안lean government, Colorado HB11-1212' 청문회에서 이 스토리를 언급했다. 논쟁과 장황함을 예상하고 청문회에 나갔는데 역시나 그랬다. 하지만 결국은, 법안이 통과될만한 가치가 있다는 것을 깨닫는 데 걸릴 시간의 열 배쯤이나 더 긴 시간을 허비한 다음, 겨우 법안을 가결시켰다.

린 존슨과 같은 유능한 리더는 대부분의 사람이 깨닫지 못하는 것을 알고 있다. 돈, 시간, 에너지와 같은 자원이 한정되어 있다는 사실을 잘 안다. 이율배반 없는 결정을 내린다는 것이 결코 '쉬운 일'이 아님을 잘 안다. 그래서 유능한 리더는 가장 중요한 우선순위 몇 가지에 초점을 맞춤으로써 어렵지만 반드시 가야 할 길을 간다.

대부분의 리더들은 동일한 조건 하에서 비즈니스를 한다. 즉 예산으로 정해져 있는 금액, 이끌어갈 인원, 목표 달성까지의 시간 등이 그렇다. 이런 제한적인 조건에도 불구하고 유능한 리더는 자원을 효율적으로 배분하고 낭비요소를 제거한다. 이렇게 함으로써 다른 사람들이 불가능할 것으로 생각하는 결과를 이끌어낸다.

존 히켄루퍼 주지사는 덴버 시장으로 재직 중일 때, 이미 노숙자 문제를 해결하는 데 크게 성공했던 경험을 갖고 있었다. 히켄루퍼 주지사가 시장일 당시에도 록산느 화이트는 비서실장이었다. 그는 한 사람의 노숙자에게 시에서 연간 4만 달러를 지원하지만, 그 사람을 교육해서 길거리를 떠나도록 하는 데에는 1만 6천 달러 밖에 들지 않는다는 사실을 깨달은 것이다.

히켄루퍼 주지사는 만성적인 노숙자에 대해 '감성적으로 연약한' 사람이라고 생각했다. 그래서 이들에게는 오전 9시부터 5시까지 일하는 직장의 틀과, 직업이 형성해주는 인간관계가 반드시 필요하다고 보았다. 만약 그들의 급여가 생활비의 일부만이라도 충당하게 된다면, 정부와 사회가 감당할 전체적인 비용은 크게 줄어들 것이다.

또한 그는 주 정부 차원에서 노숙자 문제를 풀기 위해 일자리 창출에 주력했다. 더 많은 일자리는 노숙자 문제를 해결하는 데 명백히 도움이 된다. 또한 더 많은 일자리는 세수를 늘려줌으로써, 의료 및 약물 남용으로 인해 도움이 필요한 사람을 위해 사회사업에 쓰일 정부의 수익이 된다.

"일자리 창출이라는 하나의 요소가 직접적으로도 도움이 되지만, 세수를 늘려줌으로써 다른 우선순위에도 눈을 돌릴 수 있도록 긍정적인 영향을 미칩니다." 히켄루퍼 주지사가 이렇게 강조했다.

배분은 '결정'한다는 느낌과 유사하다. 방대한 수의 사람들에게 영향을 미칠 수 있는 어려운 상황에서 조심스럽게 균형을 잡아야 하는 일이다. 따라서 분석 작업이 자연스럽게 배분이라는 어려운 결정을 내릴 수 있게 해준다. 분석을 위해 수집하는 자료나 증거, 논리는 현명한 결정을 내릴 수 있도록 토대가 되어준다. 배분하기 위해서는 이 세 가지의 정보와 함께 판단력과 직감, 대담함까지 더해져야 한다. 또한 배분은 논리적임과 동시에 창의적이어야 한다. 주어진 자원을 최대한 활용하려면 풍부한 상상력까지 필요로 하기 때문이다.

배분하는 기술이 능숙하지 못하면 리더가 변덕스럽게 느껴지거나, 화전농법을 사용하는 인정사정없는 폭군처럼 느껴진다. 결정을 내리는 과정에서 반드시 고함을 치거나 장황한 훈계가 필요한 건 아니다. 최고의 리더는 "우리가 초점을 맞춰야 할 근본적인 부분은 여기 여기입니다. 달성해야 할 목표는 무엇이고 또 언제까지는 달성해야 합니다"라는 정도로 말한다. 제1장의 프레드 슈타인그래버에 대한 이야기에서 시장직 초기 이사회에서 우선순위를 얼마나 침착하게 제시했었는지 떠올리면 알 것이다.

배분이라는 작업을 아예 수행하지 않으면 마치 리더가 어려운 결정을 내리기 두려워하는 것처럼 보일 수 있다. 그리고 성취되는 일도 아주 적어진다. 현상 유지만 가능할 뿐이다. 당선된 많은 고위 공무원들이 결정 내리기를 꺼려한다. 유권자 집단 중 어느 한 사람도 화나게 하고 싶지 않기 때문이다.

오직 유능한 리더만이 "여러분의 조언에 감사드립니다. 저희는 앞으로 이런 일을 할 예정입니다. 하지만 이런 일은 하지는 않을 것입니다. 이 계획이야말로 지역사회의 삶의 질을 가장 높게 향상시킬 것이라고 생각합니다"라고 말한다.

배분을 가장 잘하는 사람을 흔히 '결단력이 있는 사람' 혹은 '우선순위를 잘 매기는 사람'이라고 부른다.

유능한 리더는 어려운 결정도 흔쾌히 내릴 준비가 되어있어야 한다. 혁신적이며 가끔은 관습마저 깨뜨리면서 타성을 이겨낸다. 돈, 시간, 에너지와 같은 자원을 불필요한 사업에서 거둬들인 다음, 긍정적인 영향을 미칠 수 있는 사업에 투입한다. 그리고 긍정적 효과가 크게 날법한 새로운 아이디어에 자원을 집중시킨다. 이미 분석이라는 어려운 작업을 마쳤기 때문에 이해 당사자들의 욕구와 요구가 무엇인지를 파악할 수 있었던 것이다. 이제 주어진 자원을 갖고 최선의 계획을 세우고 투자할 준비를 하면 된다.

미시건 주의 주지사인 릭 스나이더는 현명한 배분을 안전한 국가재정에 대한 책임으로 보았다. "그는 처음에 '냉정한 괴짜' 노릇을 했어요. 그래서 고리타분한 사람이 되었지만 자랑스러워요."라고 말하기에, 강력한 분석가일 것이라고 생각했다. 그러나 인터뷰를 하는 동안 대부분의 이야기는 공공부문의 배분에 관한 사고방식을 바꾸는 것이었다.

"랜싱Lansing에 와서 처음 느낀 것이 있죠. 다양한 집단의 사람들이 사무실로 걸어 들어와서 인사를 하고는 돈을 달라고 떼를 쓰는 것이었어요. 자금을 원한다거나 자금이 필요하다는 식이었어요. 나는 자리에 앉아서 속으로 "그래서 어쩌라고? 내가 현금인출기라도 되는 줄 알아?"라고 생각하곤 했죠. 나는 이렇게 말하곤 했죠.

"자금이 문제가 아니에요. 이곳에 오시려면 실제로 시민들에게 영향을 미칠 실제적인 결과를 내기 위해 토론할 준비를 하고 오세요. 어떤 결과가 시민들의 삶에 의미 있는 변화를 가져올 수 있는지에 대해 말씀하세요. 그런 다음에야 제가 기꺼이 요청의 우선순위가 어디쯤인지, 계획을 이행하기 위한 자원은 어떻게 획득할 것인지, 그리고 이행에 대한 결과를 어떻게 평가할 것인지를 말할 겁니다."

"이제 사람들이 사무실에 찾아와서 돈을 달라고 떼를 쓰는 일은 없어졌죠." 릭은 계속했다.

"장기적으로 봤을 때 안정적인 재정운용이 무엇인지에 대한 근본적인 이해가 부족했죠. 정부는 단기적인 상환, 즉 현금지출에 대해 지나친 편견을 갖고 있었죠. 공공부문에서는 예산 수지를 단기적인 관점에서만 맞추려 하고, 장기 부채(연금 지불이나 퇴직자 의료비)에 대해서는 고려하지 않아요. 헤쳐나가야 할 어려운 도전이죠. 이들 중에서 대부분의 것들은 힘든 요구들이에요. 시민들의 희생이 필요한 일이죠. 그럼에도 불구하고 단호하게 밀고 나가야 했고, 이제야 성공다운 성공을 거두고 있습니다." 최근 블룸버그 통신은 미시건 주의 재정건전성을 최고로 뽑았는데, 이에 관해서는 제1장에서 언급했다.

이것이 바로 모든 시민들이 보고 싶어 하는 성공이다. 우리는 결코 사회적 요구와 우선순위를 오랫동안 방치해둘 수 없었다. 또한 우리가 갖고 있는 자원도 결코 부족하지 않았다. 위대한 배분가여, 당신이 필요할 뿐!

조정 Aligning

교육은 정치에서 가장 의견이 분열되는 주제이다. 교육에 대한 접근과 해결책은 교사마다, 학교마다, 학군마다 각각 다르다. 이런 특성 때문에 주 정부 내에서 교육에 대한 우선순위를 통합하려는 노력은 오히려 상반된 결과만 낳았다. 전문가들에 따르면, 일부 주에서는 이런 통합 노력이 점점 더 형편없는 교육으로 이어진 경우도 있었다. 하지만 델러웨어 주의 경우는 그렇지 않았다.

2010년 델러웨어는 거액의 교육예산이 지원되는 미연방 교육개혁 계획인 '최고를 향한 경쟁Race to the Top 대회'에서 첫 우승을 했다.

"계획을 세웠는데 이해 당사자들이 개발 과정에서 중요한 역할을 담당했죠." 잭 마켈 주지사가 말했다.

"교사, 교사단체, 교육 사업가, 학부모, 장애인 단체가 참여했죠. 이들에게 델러웨어 주의 교육을 어떻게 개선하면 좋을지 물었습니다. 물론 마지막에 어떤 계획이 들어갈지 들어가지 않을지는 우리가 결정했지만, 여러 이해 당사자들의 의견을 듣는 데 많은 시간이 들었고, 가장 탄탄한 계획을 수립하려고 고심했어요."

최종적으로 도출해낸 결과는, 주 내의 모든 학교에서 효과를 낼 수 있는 단일계획으로 통합하는 데에 1억 1천 9백만 달러의 연방 보조금이 필요하다는 것이었다. 델러웨어 주 크기의 규모로써는 막대한 금액이었다.

"'실행 없는 비전은 망상'이라는 문구를 매우 좋아합니다." 마켈 주지사가 말했다. 실행의 비결은 조정이다.

유능한 리더는 홀로 행할 때 미흡한 성과를 얻는다는 것을 잘 안다. 일단 집단에서 기대하는 결과가 무엇인지 확인하고, 이를 성취하기 위한 방법이 정해지고 계획이 수립되면, 조정할 기회가 온 것이다. 유능한 리더는 원하는 결과를 달성하기 위해 사람들이 조직화된 행동을 취하도록 영향을 미친다. 또 임무를 공유하는 것이 조직에 얼마나 활기를 불어 넣는지, 고객과 이해 당사자들을 어떻게 만족시킬 수 있는지를 잘 안다.

조정은 '설득'한다는 느낌에 가깝다. 사람들의 시선을 목표라는 큰 그림에 고정하는 것이다. 사람들로 하여금 맡은 업무에서 능력을 발휘하도록 설득하는 것이다. 또 사람들로 하여금 성과를 이뤄내기 위해 기꺼이, 열성적으로 자신의 재능과 열정을 활용하도록 동기를 부여하는 것이다. 쉽게 말해 유능한 리더는 분열을 일으키지 않고 설득력 있고 포용적이다. (그러나 재직 중인 정치인들 중에서 얼마나 많은 사람들이 반대로 행동하고 있는가?)

뛰어난 조정자는 기대하는 것을 분명하게 말하고, 과제를 어떻게 해결해야 하는지 근거를 제시하고, 과제를 완수할 수 있도록 후속조치를 취한다.

한편 조정의 기술을 과도하게 사용할 경우, 리더가 "너무 관대하다"거나 "지나치게 호감을 받으려고 한다"는 오해를 살 수 있다. 모든 사람을 만족시키려고 하면 아무것도 이루지 못한다. 반대로 조정의 기술이 전혀 활용되지 못할 경우, 사람들은 리더에게 거리감을 느끼고, 공감능력이 떨어지며, 자신의 의견 외에는 관심이 없는 고집불

통처럼 느껴질 수 있다. 그런 유형을 본 적이 있을 것이다. 누구하고도 논의하지 않은 채 새로운 계획과 실천을 강요하는 상사들 말이다. 사람들은 실행하는 척은 할 수 있어도, 그들의 의견을 고려하지 않는 리더를 위해서는 최선을 다하지 않는다.

이 시대에 가장 많은 훈장을 받은 군 리더인 웨슬리 클라크Wesley Clark 장군은 조정을 '악력'이라고 표현한다. 너무 세게 쥐면 사람들은 질식할 것처럼 느낀다. 반대로 너무 약하게 잡으면 떠돌다가 에너지를 분산시키고 혼란에 빠지게 된다.

조정을 잘 하는 리더는 영감을 주는 사람 또는 합의를 잘 이끌어내는 사람으로 불린다. 그러면 리더가 다른 사람에 대해 책임을 물으면 "확고하고 공정했다"고 인정한다. 조정 기술을 갖춘 리더는 소통도 잘 하지만 주의해야 할 점이 있다. 유능한 조정자는 단순히 듣기 좋은 말만 하는 사람이 아니다. 설득의 효과를 평가할 때 사용하는 척도가 있다. 그의 말을 듣고 행동을 취하고 싶다는 동기부여가 되느냐 하는 것이다. 우리의 고통을 느끼는 것처럼 온갖 미사여구와 모호함과 반성의 말로 모욕하지 말라. 그 대신 행동을 취할 수 있도록 우리에게 감명을 달라! 유능한 조정자는 어려운 행동조차 행하도록 사람들에게 동기를 부여한다. 그러면 사람들은 리더가 제안한 계획의 성공여부를 떠나 행동을 취한다.

켄 그리핀Ken Griffin은 세계적으로 가장 크고 가장 성공적인 투자회사인 시타델Citadel을 설립한 인물이다. 그는 회사를 성장시키는 과정에서 업계에서 가장 뛰어난 전문가들을 대거 영입했다.

"가장 어려운 결정은 단지 전문가 몇 명을 확보하는 것이 아니라 상당한 양의 다수의 자원을 확보해야 하는 거였죠."

조정은 완수해야 할 요구의 후속처리까지 감당해야 한다. 베스트셀러인 〈체크, 체크리스트*The Checklist Manifesto*〉를 읽었다면, 이 책의 저자인 하버드대학 외과의사인 아툴 가완디에 대해 들어보았을 것이다. 가완디 박사는 내가 만난 사람들 중에서 가장 냉철하고 빠른 사고의 소유자일 것이다. 그의 매력에 빠져드는 데에는 5분도 채 걸리지 않았다. 6분으로 들어서면서 그의 말에는 속력이 붙고, 갑자기 그가 왜 그토록 뛰어난 조정자인지 깨닫게 된다. 그는 자신의 사명인 '백만 명의 목숨을 살리는 일'에 대해 술술 풀어놓는다. 그런 다음 해결이 쉽지 않을 것 같은 도전의 규모를 소화할 수 있도록 잠시 시간을 준다. 그 후, 체크리스트가 어떻게 도전을 해결할 수 있도록 하는지 말하고 나면, 그 어떤 방법을 써서라도 그를 도와주고 싶어진다.

체크리스트를 만들고 이행하는 기본적인 도구를 사용하면 현재 갖고 있지만 버릇이 들지 않아 종종 간과하는 지식을 활용할 수 있게 해 준다. "너무 간단하잖아. 품위가 너무 떨어져." 일부 사람들은 이렇게 말할지 모른다. 하지만 2008년 가완디 박사가 전 세계 8곳의 병원과 수술 전 간략한 체크리스트('손은 씻었습니까?' 등을 상기시켜주는 질문 포함)를 시행한 결과, 수많은 사람의 목숨을 살릴 수 있었다. 목숨을 잃을 수도 있던 사람이 살게 된 것이다. 엄청난 일이다. 심각한 합병

증이 36퍼센트나 줄어들었고 수술로 인한 사망자도 47퍼센트나 줄었다.

가완디 박사가 단지 옳은 답을 알기 때문에 사람을 조정하는 데 능숙한 것은 아니다. 그가 효과적으로 조정할 수 있었던 것은 전달하려는 메시지가 확실하고 다른 사람의 행동을 이끌어내기 때문이다. 주장하는 바를 뒷받침해줄 통계 수치, 사람들이 일을 다른 방법으로 하고 바람직한 일을 해낼 수 있도록 영감을 주는 메시지를 전하기 때문이다.

일을 해낸다는 것, 결과를 이끌어내는 것, 목적을 달성하기 위해 집단을 단결하게 하는 것. 이는 오늘날 많은 정부들에게서 흔히 볼 수 없는 모습이다. 그러나 정부를 분열시키는 대신 조정에 능한 유능한 리더들이 많아지고, 정부의 성과가 향상되는 것을 보면 사람들은 다시 한 번 놀라게 될 것이다.

* * *

리더십 기술을 연마하려면 수년간의 고된 노력이 필요하다. 리더십의 3A는 유능한 리더가 최상의 결과를 이끌어내기 위해 사용하는 행동양식이다. 3A라는 렌즈를 통해 정부의 유능한 리더들이 이루는 일들을 탐구하면서 3A에 대한 믿음은 더욱 굳건해졌다. 3A는 보편적으로 활용할 수 있으며, 리더로서 성장하거나 지역사회의 강력한 리더가 누구인지를 확인하는 좋은 방법이기도 하다.

이것이 바로 우리가 관점을 바꿔야 할 '누구'에 대한 접근방식이다. '무엇'에 대해서만 접근한다면 문제를 제대로 해결할 수 없다. 위대한 리더십을 법률로 제정할 수는 없지 않은가.

미국 체조 올림픽 팀이 금메달을 따도록 법률을 제정할 수 없듯이, 위대한 리더십 또한 법률로 제정할 수 없다.

바람직한 고도의 성과는 규칙과 법률과 정책으로 달성되는 것이 아니다. 고도의 성과는 유능한 리더가 공통의 목표를 달성하기 위해 사람들을 단결시키기 때문에 가능한 것이다.

이제 위대한 리더십이 무엇을 의미하는지 명확히 제시했고 리더십의 3A도 소개했다. 다음 장에서는 유능한 리더가 공공부문에서 어떤 성과를 이끌어낼 수 있는지 알아보려고 한다. 페이지를 넘기면 내가 공유하려고 하는 비결이 있다는 사실을 알게 될 것이다.

리더정치에 대한 논의

1. 유능한 리더는 태어나는가, 만들어지는가?
2. 리더십에서 '성격, 기술' 혹은 '둘 다 동일하게' 중에서 어느 것이 더 중요할까? 왜 그런가?
3. 리더로서 당신은 리더십의 3A 중에서 어느 것에 강한가? 어떤 'A'의 기술을 더 개발하고 싶은가?

3

가장 소중한 미개발 자원

"리더십에 대한 잘못된 믿음 중에서 가장 위험한 것은,
리더는 태어난다는 것이다.
즉, 리더십이 유전적인 요인에 기인한다는 생각은 잘못된 것이다.
이런 믿음은 리더십은 재능을 타고나거나
그렇지 않다고 주장하는 것과 같다. 터무니없는 말이다.
오히려 반대에 가깝다. 리더는 태어나는 것이 아니라 만들어진다."

− 워렌 베니스 Warren Bennis

알려주고 싶은 비밀이 있다.
지금까지 이 책에 등장했던 리더는 단 한 사람만 제외하고 모두 '민

간'부문 출신이다. 그렇다. 여러분이 읽고 있는 예산 수지를 맞추고, 낭비를 줄이고, 성과를 향상시킨 결과에 대한 사례는 정부조직에서 일하게 된 민간부문의 리더들로부터 비롯되었다. 이 사실로 볼 때 정부에도 희망이 있다는 주장에 조금은 귀가 솔깃해지는가?

민간부문의 리더는 정부조직에서 의미 있는 변화를 일으킬 수 없다는 가정이 완전히 뒤집혔는가? 그들의 리더십 재능은 정부조직에도 적절하며 전수 가능하다는 생각이 드는가? 개발되지 않은 소중한 자원인 민간부문의 리더들이 도처에 널려 있다는 생각이 확고해졌는가?

이 책에 등장하는 정부의 리더 중에 유일하게 공공부문에서 성장한 사람은 린 존슨뿐이다. 그녀의 스토리는 너무나 대단해서 꼭 언급해야 하기도 하지만, 정부조직의 리더가 모두 민간부문 출신이지는 않다는 걸 보여주고 싶기도 했다. 사실 이전에도 공공부문에서 단계를 밟아 성장하면서, 리더십 재능을 크게 발휘한 뛰어난 리더들도 아주 많다. 대표적으로 에이브러햄 링컨Abraham Lincoln 대통령을 들 수 있다. 이처럼 공공부문에서도 지속적으로 위대한 리더를 개발해야 한다.

다만 내가 강조하려는 것은 이토록 거대한 자원이 널려 있다는 사실이다. 민간부문에서 활동하는 이 어마어마한 수의 유능한 리더들은, 현재 공공부문에서 승승장구하고 있는 유능한 리더들 위에 더해질 수 있다. 유능한 리더는 금과 같은 가치를 갖고 있다.

만약 미국에 이용되지 않고 있는 어마어마한 양의 금이 매장되어 있다면 어떨까? 또 수많은 사람들의 삶의 질을 향상시키는 데 사용할

"유능한 리더는 사용되지 않고 있는 매장된 금 만큼이나 많다."

수 있는 금이 매장되어 있다면 어떨까? 금을 채굴할 방법을 모색해서 이용하는 것이 지혜로운 일일 것이다. 미국에 널려 있는 방대한 수의 민간부문의 리더들은 마치 사용되지 않고 있는 금과 같다. 앞서도 언급했지만 민간부문에는 뛰어난 리더들이 이토록 많지만, 정부로 들어오는 사람들은 극히 드물다.

마크 엠케스Mark Emkes는 흔치 않은 민간부문 출신의 정부 리더이다. 그가 정부조직에서 일한 경험과 민간부문의 리더십 기술이 정부에서 하는 일과 얼마나 연관성이 있는지 들어보기로 하자. 그리고 그동안 정부에 있었던 시간이 과연 즐거운 일이었는지 들어보자. 그는 공공부분으로 첫 발을 내딛었을 때, 민간부문에서는 당연히 존재하던 긴박감이 주 정부조직에서는 느낄 수 없었다는 이야기로 시작했다.

"연방 정부는 테네시 주에 지급하던 연방 지원금을 삭감할 것입니다. 물론 언제 그렇게 될지, 얼마가 삭감될지, 어느 부문이 삭감될지는 알 수 없어요. 하지만 그렇게 될 경우를 대비해야겠죠." 마크가 말했다.

마크는 현재 테네시 주 재정 행정부 장관으로 일하고 있는데, 이는 뜻밖의 언급이었다. 비상계획이라는 개념은 정부조직에서는 흔하지 않은 일이기 때문이다. 마크는 신용평가기관에서 테네시 주의 신용등급이 재검토 등급으로 분류되는 것을 보고, 연방정부 지원금이 축소될 것이라고 예견했다. 2011년 8월의 사전회의에서, 신용평가 기관에 소속된 분석가들도 마크에게 우려를 표명했다. 연방정부의 채무 한계와 워싱턴에서 제기되고 있는 예산 삭감에 관한 내용이었다. 언젠가는 모든 주들이 지금보다 줄어든 연방 지원금을 받게 될 거라는 사실이었다. 연방정부는 1조 2천억 달러의 예산을 삭감하기 위해 '슈퍼위원회(supercommittee, 알고 보면 그다지 능력 있지도 않은)'도 설치했다. 이를 감안하면 당연히 예상할 수 있는 일이었다.

그렇다면 테네시 주는 이 사태에 어떻게 대응할 것인가?

마크의 이야기를 들으면서 나도 궁금해졌다. 아찔한 상황임에도 불구하고 이야기를 계속 이어가는 마크를 보면 전혀 난처해하는 기색을 보이지 않았다.

"가상연구를 시행했습니다. 모든 내각 구성원들과 기관에 '연방 지원금이 15퍼센트 정도 삭감되면 어떻게 할 것입니까? 연방 지원금이 30퍼센트 삭감되면 어떻게 할 것입니까?'라고 물었죠. 모든 기관들이 참여했습니다. 연구결과는 15퍼센트 삭감과 30퍼센트 삭감이라는 두 가지의 시나리오에 따라, 줄여야 할 항목들이 나열된 153페이지 분량의 보고서로 작성되었어요. 또한 각 기관들은 재정 지원이 줄어들 시, 가장 취약한 부문이 어딘지, 연방 지원금에 가장 의존하는 부문이 어디인지를 확인했습니다. 이러한 일련의 행동들을 취한 다음 보도 자료를 배포했습니다. 다음 날, 주요 언론사 기자들이 사무실로 찾아왔습니다. '도대체 무슨 일을 하신 겁니까?'라고 물으면서요. 저는 비상사태에 대비해 계획을 세우고 있습니다. 민간 기업에서는 위험 요소에 대해 월 단위, 때로는 주 단위, 하루 단위로도 평가하죠."

마크는 오히려 기자들이 놀라워하는 모습을 보고 신기해했다. 그런데 이런 식으로 긴급사태를 대비하기 위해 대책을 세우거나 위기를 이겨내기 위해 준비하는 일은 민간부문에서는 일반적으로 하는 일이다. 마크의 경우 결과적으로 공공부문에서도 이런 대비책을 성공적으로 마련할 수 있었다.

마크와 부서 사람들이 신용평가 기관과 다음 회의를 열었을 때, 분석가들은 위험평가를 정말로 실시했다는 말을 듣고는 믿으려 하지 않았다. "기업에서는 당연히 하는 일이지만 정부에서 했다는 사실에 놀라워하더군요." 비상 계획은 높은 채권 등급(무디스Moody's와 피치Fitch에서 AAA 등급, S&P에서 AA+ 등급)을 유지하는 데 큰 도움이 되었다.

"대비를 했을 뿐입니다. 워싱턴으로부터 소식을 전해 듣고 허둥대지 않도록 말입니다. 미리 조심스럽게 다 준비해두면 될 테니까요." 마크는 말했다.

마크는 공직으로 옮겨올 때 민간부문에서 경험했던 노하우를 가져왔다. 그리고 실전에서 접하게 된 것도 이번이 처음은 아니었다. 그는 비상계획이나 위험 평가에 익숙해 있었다. 그는 세계 최대의 고무 및 타이어 회사인 브릿지스톤Bridgestone에서 33년 동안 일해 왔다. 매우 유능한 리더였던 그는 브릿지스톤 미주지역의 최고경영자로 발탁되기도 했다. 2000년대 중반 최고경영자로 일하던 6년 동안 그의 리더십은 전례 없는 수익이라는 성과를 낼 수 있었다. 우리는 지금 팝콘 판매대 이야기를 하고 있는 것이 아니다. 마크는 5만 명의 직원을 거느리며 120억 달러의 매출을 올리는 규모로 회사를 성장시켰고, 전국에 있는 공장들이 친환경 LEED 인증까지 획득하도록 했다.

이것이야말로 진정한 리더십이 아닐까?

5만 명의 직원으로 120억 달러의 매출을 올린 것은 30년 이상 리더십을 갈고 닦은 결과로 이뤄낸 성과였다. 마크의 리더십 경험이나 결과를 정부조직에서 일하면서, 실제로 아무것도 성취해 본 적이 없는 많은 사람들과 대조해 보라. 마크의 리더십 배경과, 탁자에 앉아 서로 비난과 언쟁만 하면서 쌓은 경력의 별 성과 없는 관료 리더십과 대조해보라.

민간부문에는 훌륭한 리더십 능력을 갖춘 리더들이 널려 있는 자원의 보고이다. 그들은 우리의 가장 소중한 자원일지도 모른다. 그리고 그들 대부분은 아직 미개발인 상태로 있다. 이들 자원은 재활용도 가능하다. 공해가 없고 깨끗하며, 약간의 냄새를 남길 만큼의 메탄가스 생성을 제외하면 전적으로 환경 친화적이다. 그리고 이들 자원에는 제한이라는 것이 없다. 이를 사용하는 데 있어서 유일한 제약이 있다면, 더 자주, 적극적으로 이를 이용하려는 우리의 노력이 부족할 뿐이다.

새로운 것이 아니라 보기 드문 것

민간부문의 리더를 공공부문에 더 많이 고용하자는 아이디어는 사실 새로운 것도 아니다. 결코 내가 만들어낸 개념이 아니라는 것이다. 단지 보기 드물 뿐이다.

미국 주지사들 중에서 정부조직에 몸담기 전, 민간부문의 성공적인 리더였던 사람이 몇 명이나 되는지 맞춰보라.

50명 중에서 여섯 명뿐이다. 단 12퍼센트에 불과하다!

나머지 주지사들은 애초부터 정치에만 몸담고 있었거나, 민간부문에서도 활동했으나 그다지 성공적이지 못했다.

그럼에도 불구하고 리더정치 운동에 이미 참여하고 있는 사람들도 있다.

인디애나 주 주지사인 미치 대니얼스는 주정부를 이끌기 전, 민간부문에서도 성공한 리더였다. 그는 주지사로서의 성공(곧 부연 설명할 것임)이 민간부문에서 쌓아온 경험 때문이라고 믿는다.

미치는 커리어 초기인 1976년에 리처드 루가Richard Lugar가 상원의원일 때 그의 비서실장으로 일했다. 정부에서의 경력은 일천하지만 정치적 경험을 쌓기 시작했다. 그러다 1987년에 1,100만 달러 규모의 조직인 '허드슨 인스티튜트Hudson Institute'의 사장 겸 CEO가 되었다.

1990년부터는 자리를 옮겨, 유명 다국적 기업인 일라이 릴리Eli Lilly에서 일하기 시작했다. 1993년부터 1997년까지 북미지역 사장으로 일하면서 큰 성과를 낸 뒤, 본사의 전략 및 정책 담당 수석 부사장으로 승진했다. 대니얼스 주지사는 이 거대하고 복잡하며, 고도로 성과를 올리는 조직에서 값으로 매길 수 없는 소중한 경험을 얻을 수 있었다. 그의 리더십 아래, 회사는 수익 및 주가가 두 배로 향상되는 뛰어난 성과를 낼 수 있었다.

2001년 마침내 그는 민간부문에서 다시 정부로 뛰어들었다. 일라이 릴리를 떠나 조지 부시 행정부 하에서 행정관리예산국(OMB, Office of Management and Budget) 국장으로 임명되었다. 다른 자리에 대한 제안이 들어왔을 때 모두 거절했지만, OMB의 제의만큼은 거절할 수 없었다. OMB에서 2년을 보낸 뒤 대니얼스는 곧바로 주지사 출마를 위해 선거 캠페인을 시작했다.

민간부문에서 뛰어난 리더십을 발휘하다가 주지사가 된 또 하나의 인물은 바로 델러웨어 주지사인 잭 마켈이다. 그는 경영학 석사를 취득하고 곧바로 시카고 퍼스트 내셔널 은행First National Bank of Chicago에서 커리어를 시작했다. 그 후 굴지의 경영 컨설팅 회사인 맥킨지McKinsey & Company로 옮겼다. 이어서 넥스텔Nextel에서 무선통신기술 혁명을 이끄는 데 일조했다. 이곳에서 그는 상무로 일하다가 다시 컴캐스트Comcast의 고위 간부로 자리를 옮겼다.

리더는 어디에?

노동통계국과 국방부에 따르면 미국에는 대략 228만 명의 리더가 있다. 전 국민의 1퍼센트, 혹은 시민 백 명 중에서 한 명이 리더의 위치에 있다는 이야기이다. 이 정도면 적당해 보인다. 그렇다면 리더가 가장 많이 소속되어 있는 부문은 어디일까?

가장 많은 리더가 속해 있는 부문은 단연 민간 비즈니스 분야이다. 미국 내 리더의 79퍼센트(180만 명)가 이 분야에서 활약하고 있다. 군대 조직의 리더는 13퍼센트, 약 29만 6천명으로 추산된다. 공공부문,

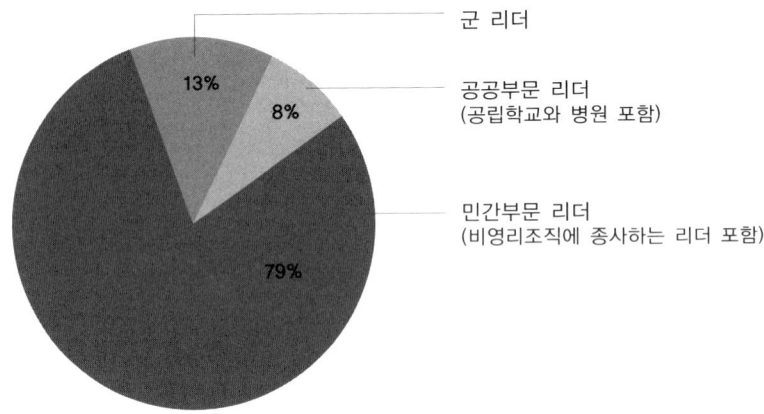

즉 정부에서 운영하는 학교나 병원을 포함하여 연방, 주, 지방정부 조직에서는 18만 3천명(전체의 8퍼센트) 정도가 리더로서 활약하고 있다.

나의 관심사는 정부에 더 많은 유능한 리더가 종사하도록 하는 것이다. 리더가 어디 출신이냐는 것은 상관없다. 그런데 리더의 원천이 어디인지 확인해보면 민간부문이 가장 많다는 것을 알 수 있다. 따라서 이 부문에 관심을 집중하는 것이 맞겠다.

그런 이유에서 나는 전체 리더 중에서 4분의 3 이상을 차지하는 민간부문의 리더에 초점을 맞추려고 한다.

그렇다면 왜 비즈니스 부문의 리더들이 정부에서 일하려 하지 않는 것일까? 앞에서 설명한 바와 같이 한 가지 이유로 그들이 정부에서 일하고 싶지 않다는 것을 들 수 있다. 민간부문의 리더들 중 2퍼센트만이 정부조직에서 일할 생각을 갖고 있다면, 우리는 이 나라의 가장 소중한 천연자원인 유능한 리더들을 낭비하고 있는 것이다. 유능한 리더들은 만들어내야 하는 것이 아니다. 이미 존재하는 리더들 중에서 더 많은 사람들이 커리어의 한 지점에서 공직에 관심을 갖도록 해보자는 것이다. 그렇다면 민간부문에서 활약하는 리더들의 능력이, 공공부문에서 일하는 데에 어떤 관련이 있을까. 이런 의문은 비즈니스 리더들 뿐 아니라 우리의 뇌리를 떠도는 궁금증의 하나이다.

리더십 기술은 보편적으로 적용할 수 있다

리더십 기술은 리더십 기술이다.

공공부문에 리더십의 3A가 적합하지 않을 리가 없다. 사람들은 가끔 공공부문에 종사하는 리더들의 형편없는 리더십을 경험한다. 그 결과 "정부가 원래부터 그렇지. 체계 자체가 관료주의적이니까"라고 말한다. 나는 이런 주장에 동의하지 않는다. 위대한 리더십 기술은 보편적으로 적용할 수 있으면, 어떤 상황에서도 유용하게 활용할 수 있기 때문이다.

심리학 및 리더십을 테마로 박사과정을 밟고 있던 대학원 시절, 나는 이 시대 가장 위대한 스승에게 배울 기회가 있었다. 바로 경영학의 아버지이자 경영학의 그루인 피터 드러커 교수였다. 나는 수업 과제로 두 명의 리더를 관찰하게 되었다. 어느 월요일에는 정부기관인 우체국에 가서 책임자를 관찰했다. 다음 월요일에는 월마트의 관리자를 관찰했다. 각각의 장소에서 진행된 회의에서 발견할 수 있었던 두 곳의 차이점은 20년이 넘도록 내 인상에 깊이 남아 있다.

우체국에서 상사는 어깨를 앞으로 늘어뜨리고 구부정하게 앉아 얼굴을 잔뜩 찌푸린 채 회의를 주재하고 있었다. 그는 회의에 참석한 직원들을 지목하기 시작했다. 그가 주도하는 회의는 처음부터 끝까지 관료체제의 가장 큰 관심거리인 규칙과 규정 준수에 관한 것뿐이었다. 여기에 부하직원들도 듣기에 불쾌한 불평이 가미되었다. 상사는 대체로 직원들을 무시하고 비난했다. 상사와 직원 모두 고객에 대한 불평을 늘어놓았으며, 그들이 얼마나 성가시고 피곤하게 만드는지에 대해서만 언급했다.

해결할 사항이나, 도출할 결과나, 이룩한 성과에 대한 논의는 전혀 없었다. 성공적인 결과를 만들어내기 위한 분석, 배분, 조정에 대한 언급도 없었다. 그런데 이 모든 상황에 대해 나는 직원 개개인을 탓할 수는 없었다. 오히려 유능한 리더와는 정반대의 모습을 보여준 상사에게 책임이 있다고 느꼈다. "정부는 원래부터 그래. 정부는 다르니까"라고 말할 수는 없다. 정부라고 다를 것은 없다! 다만 리더에게 문제가 있을 뿐이다. 서툰 리더십은 서툰 리더십일 뿐이다. 이 경우 잘못은 상사의 상사, 그 상사의 상사에 있으며, 최종적으로는 유권자인 '나 자신'에게로 잘못이 돌아가야 마땅하다. 관료를 고용하고 유지할 책임은 유권자인 우리에게 있기 때문이다.

나는 직원들을 바라보며 슬픔에 잠겼다. 그들이 '비참해' 보였기 때문이다.

우체국 회의에 참석한 다음 월요일에는 월마트의 지점장을 찾아갔다. 거기서 유능한 리더의 진면목을 보여주는 고무적인 장면을 목격할 수 있었다.

먼저, 지점장을 포함한 회의에 참석자 모두가 자리에서 일어나 있었다. 그곳은 마치 사기를 진작하기 위한 모임 같았다. 긍정적이고 할 수 있다는 정신, 고객 중심적이며 결과지향적인 정신을 기념하는 행사였다. 지점장의 선창 아래 직원들은 고객, 혁신, 낭비 줄이기와 고객경험을 개선하자는 내용의 노래를 불렀다. 월마트의 철자를 한 글자씩 외칠 때는 모두들 과장되게 행동하며 박자에 맞춰 엉덩이춤을 추기도 했다(W-A-L '엉덩이 흔들고' M-A-R-T)! 이들은 구체적인 숫자를 갖고 논의했다. 자신들의 목표가 무엇인지, 지난주에 이룬 성과는 어떤지에 대해 이야기했다. 그리고 서로의 승리를 축하했다.

젠이라는 여직원이 금전 등록기를 정확하고 신속하게 사용해서 시제가 1센트의 오차도 없었다는 새로운 기록을 세웠다. 그 결과 젠은 상품권, 그리고 우수사원 배지를 받아 파란 조끼에 달았다. 이들은 마지못해 시늉하지 않았다. 자신의 일을 잘 수행하고 있었고 성공적인 결과를 얻고 있었다. 실시간 분석과 실시간 배분, 실시간 조정이 일어나고 있었던 것이다. 팀원들 한 사람 한 사람이 소중하다는 것을 모두가 인식하고 있었다. 무엇보다 이들은 회의라기보다는 '즐거운 시간'을 보내고 있는 것 같았다.

이것이 바로 정부에서 필요로 하는 리더십 유형이다. 민간부문의 리더에게 공직에 있는 동안 리더십에 대해 더 많이 배웠는지, 아니면 민간부문에 있는 동안 더 많이 배웠는지 물어보라. 그러면 대부분은 민간부문이라고 대답할 것이다.

미치 대니얼스 주지사는 이렇게 말했다.

"사람들은 종종 이렇게 묻습니다. '굉장히 다양한 방면에 일하셨네요. 주지사 업무를 수행하는 데 어떤 일이 가장 도움이 많이 되셨나요?' 이렇게 물으면서도 사람들은 워싱턴의 OMB 경험이 제일 도움이 되었을 거라고 넌지시 짐작하지요. 하지만 정작 저는 그렇게 생각하지 않습니다. 저에게 가장 유익했던 경험은 1천 1백만 달러, 혹은 1천 2백만 달러 규모의 비즈니스를 운영하는 것, 혹은 릴리에서처럼 수십억 달러에 달하는 비즈니스에 참여했던 경험이었죠. 원가관리, 수많은 사람들로 하여금 공동의 방향으로 움직이게 하는 것, 모든 사람들이 최고의 임무를 수행하도록 독려했던 일 등이 가장 도움이 되었죠."

그러한 현직 주지사들 중에 이런 경험을 해 본 사람은 극소수에 불과하다. 주지사 50명 중에서 6명만이 주지사로 일하기 전, 민간부문에서 리더로서 의미 있는 성공을 거뒀을 뿐이다. 이는 모든 주지사들의 12퍼센트에 불과하다! 이 수치는 79퍼센트는 되어야 마땅하다(민간부문에 종사하는 리더의 비율을 반영한다면). 이런 상황에서 우리는 왜 그토록 많은 주정부들이 파산하고, 하루도 빠짐없이 납세자의 돈을 낭비하는지 의아해 하고 있다.

나는 민간 출신 주지사가 12퍼센트가 아닌 79퍼센트는 되어야만 그런 의문이 해소될 것이라고 생각한다.

민간부문의 유능한 리더들은 리더십 기술을 패키지로 갖고 있다. 상황을 분석하고, 목표를 설정하고, 좋은 팀을 만들기 위해 직원을 고용하거나 해고한다. 그런 다음 한정된 자원을 최선의 방법으로 사용할 수 있도록 배분하고, 낭비를 줄이며, 높은 성과를 내도록 사람들에게 책임을 부여하고, 고객, 직원, 이해 당사자에게 좋은 결과를 제공한다.

쉽게 말해, 그들은 리더십의 3A에 관해 최고의 경지에 이르러 있다. 독자들도 한 번 판단해 보길 바란다.

여기서 리더십 기술을 공직에 적용한 위대한 민간 출신 리더들의 더 많은 성공 스토리를 소개해 보려고 한다.

또 다른 성공 스토리

리더들과 대화를 나누면서 얼굴에 미소가 번지게 했던 공통된 주제가 있다. 정부조직에 더 나은 성과 평가제도가 자리를 잡도록 했던 이야기, 그리고 자신이 일을 물려받았을 당시 정부조직에 성과평가라는 개념이 얼마나 생소한 것이었는지에 관한 이야기다.

대니얼스 주지사는 주변의 반대를 무릅쓰고 성과평가 및 성과관리 시스템을 구축했다. 당연한 말이지만 일은 관리를 해야 성과를 낼 수 있다. 또한 평가할 수 없는 것은 관리할 수 없는 법이다. 이는 '민간' 부문이나 '공공'부문에 국한된 원리가 아니다. 확실한 목표를 세우고 목표에 대한 성과를 평가한다는 건 어떤 상황에서도 유용하고 보편적인 리더가 해야 할 행동방식이다. 대니얼스 주정부에서도 이 방법이 통했을까? 물론이다! 그 결과 차량관리부, 아동복지부, 교정부 등, 주정부의 여러 기관들이 연방정부의 표창을 받았다. 또한 인디애나 주는 보험 미가입자인 성인들에게 의료 서비스를 제공하고, 재산세제도 개편을 통해, 인디애나 주 역사상 가장 큰 폭의 세금을 인하할 수 있었고, 주 전역에 걸친 토지 및 생태계 보호 프로그램을 앞장서서 추진했다.

그렇다면 이들 주정부가 서비스 수준을 높이느라 엄청난 적자를 냈을까? 아니다. 대니얼스가 주지사에 당선되었을 당시, 그는 6억 달러의 적자를 물려받았다. 그리고 1년 만에 세금을 인상하지 않고 3억 7천만 달러의 흑자로 탈바꿈 시켰다!! 혹시 다른 주정부 중에 막대한 적자에서 엄청난 흑자로 탈바꿈시키고 싶은 주는 없을까?

막대한 적자에서 엄청난 흑자로 바꾸고 싶은 국가는 없을까? 답은 '있다'일 것이다. 지역사회 계층에서도 마찬가지의 답을 원할 것이다.

대니얼스가 보여준 민간부문에서의 리더십 능력, 그리고 그와 팀이 달성한 성과에 대해 시민들이 흡족해 했을까? 물론 그렇다!

주민들은 그런 대니얼스 주지사에 대해 화끈하게 화답해주었다. 그는 2008년 선거에서 인디애나 주 역사상 가장 압도적인 득표로 재선에 성공했다.

그런데 나를 더욱 놀라게 한 것은 대니얼스 주지사의 겸손이었다. 자기중심적인데다 머리털 한 올 흐트러지지 않고, 장황한 허풍을 떨어대고, 텔레비전으로 봐도 싫증날 법한 전형적인 정치인의 모습이 아니었다. 자신의 실수를 인정할 때를 제외하고는 인터뷰 도중 '나'라는 단어를 한 번도 언급하지 않았다. 리더십의 결과로 팀이 좋은 성과를 낸 경우를 가리킬 때마다 '우리'가 했다고 표현했다. 자신이 이룬 업적들이 과히 천재적인 것이 아니라 누구든 충분히 그럴 수 있는 일인 것처럼 행동했다. 주정부에서 보고한 성과에 대해서는 자랑스러워했지만, 뽐내거나 자랑하는 투로 말하지 않았다. 주정부 내의 리더들과 직원들의 고단한 노력과 헌신을 칭송하는 방식이었다.

짐 콜린스의 〈좋은 기업을 넘어 위대한 기업으로 Good to Great〉에 등장하는 다섯 단계의 리더 중, 제일 높은 5단계의 리더(겸양과 의지를 갖춘)가 이를 매일 실천한 듯 보였다.

리더십 능력과 겸손한 태도에 관해서라면 히켄루퍼 주지사도 둘째 가라면 서러워한다. 거기에 더해 존 히켄루퍼는 '자신이 지나치게 진지하지 않은 사람'이라는 것을 보여주려고 적절한 유머를 가미했다. 히켄루퍼 주지사는 최근 들어 가장 '깨끗한' 주지사 선거 캠페인을 벌이기도 했다. 그는 어느 텔레비전 광고에서 자신은 반드시 공명선거를 하겠다며 정장을 입고(평소에는 잘 매지 않는 넥타이까지 착용한 채로) 샤워하는 모습으로 나타났다. 실제로 그는 공명하게 선거를 치렀고 결과는 승리했다. 그는 주지사로서 민간부문에서 경험했던 리더십 기술을 공공부문에 그대로 적용했는데 그의 출발은 놀랍기만 하다. 히켄루퍼는 최근 행해진 주지사 인기투표에서 전국 2위를 기록했다.

케닐워스 시장인 프레드 슈타인그래버가 기억나는가? 그가 시장으로써 행보를 시작하기 전에는 어떤 일을 했었는지 알고 싶은가? 이 사람은 내가 만난 사람들 중에서 정부조직의 리더로는 가장 적절한 자격을 갖춘 사람이다. 슈타인그래버는 다국적 경영 컨설팅회사인 A.T. 커니에서 최고경영자이자 회장을 역임한 인물이다. 그의 리더십 아래 회사는 막대한 성공을 이뤘다. 그가 재직 중이던 18년 동안 회사는 연간 25퍼센트씩 성장했다. 취임 당시 3천만 달러였던 수익도 그가 떠날 때쯤에는 1억 5천만 달러로 증가했다. 그렇다. '억'달러다. 그의 리더십 결과로 많은 일자리가 창출되었는데, 직원 수가 200명에서 6,500명으로 늘었다. 믿을 수 없는 결과이지 않은가! 브라보! 슈타인그래버의 회사에서 근무하는 사람들이 납세의 의무를 다하면서, 국가와 주, 시에 보태었을 세금을 생각해보라. 뿐만 아니라 그는 열두 곳의 사외이사와 네 곳의 자문위원, 스무 곳이 넘는 비영리단체를 위해서도 활동했다.

슈타인그래버의 리더십은 그가 속한 지방정부의 예산 수지를 맞추는 데 도움이 되었을까? 물론이다! 시장으로 당선 된지 1년도 안 되어 일리노이 주의 케닐워스 시는 수지 균형을 맞출 수 있었다. 수년 동안 적자가 이어져왔음에도 불구하고 단 1년 만에 말이다. 현재 4년 임기 중 3년째에 접어들고 있는데, 흑자는 계속 되고 있고 액수도 매년 증가하고 있다. 일자리 창출은 매우 중요하다. 그렇다면 이전에 일자리를 창출해본 사람 말고, 질 좋은 일자리('세금이 들어가는' 것이 아니라 '세금을 받는' 것이라고 주지사들이 표현하곤 하는)를 더 잘 만들어낼 수 있는 사람이 누구겠는가? 실제로 고용을 창출한다는 것은 정말로 쉬운 일이 아니다.

잭 마켈은 델러웨어 주지사로 당선되고 취임도 하기 전에 달갑지 않은 소식을 들어야 했다. 마켈은 고용창출이 최우선순위라는 걸 잘 알고 있었다. 그런 그가 크라이슬러와 제너럴 모터스GM가 델러웨어 주에 있는 자동차 제조공장을 폐쇄하기로 결정했을 때 얼마나 실망했을지 상상이 되는가. 게다가 정유회사인 발레로Valero도 정유공장을 닫기로 했다. "세 회사는 수십 년 동안 델러웨어 내에서 배출되는 고졸자가 중산층으로 진입할 수 있는 최적의 기회를 주었죠. 그러니 세 군데 모두가 문을 닫는다고 했을 때는 정말로 마음이 가라앉는 것 같았어요."

이런 위기에 마켈 주지사는 어떻게 대응했을까? 그는 주에 더 많은 일자리를 제공해줄 회사들이 중시하는 조건들을, 자신은 잘 이해하고 있음을 기업들에게 부각시켰다.

"나와 같은 역할을 맡고 있는 사람들의 가장 중요한 임무는, 일자리를 창출하는 사람의 입장에서 그들의 관심사가 무엇인지 초점을 맞추는 일입니다. 그들은 좋은 학교, 납득할만한 수준의 세제, 유능한 인력, 수준 높은 삶의 질, 그리고 실시간으로 일을 처리해주는 정부가 존재하는 지역에 공장을 보유하고 싶어 합니다. 2년 반이 지난 지금, 제너럴 모터스 공장은 피스커 오토모티브Fisker Automotive가 매입했어요. 피스커에서는 내년 말부터 아주 멋진 플러그인 하이브리드 자동차를 양산할 겁니다. 이미 인력을 고용하기 시작했습니다."

크라이슬러 공장은 델러웨어 대학(과학기술 캠퍼스를 새롭게 확장할 예정)과 블룸 에너지Bloom Energy라는 회사(대기업 대상으로 연료전지를 생산)가 매입을 완료했지요. 정유공장도 다시 문을 열었습니다. 이들 기업은 새로운 시설을 어디에 둘지 많은 선택지가 있었지만, 결국 델러웨어를 선택한 겁니다. 왜 델러웨어를 선택했느냐고 기업의 리더들에게 물으면 어떻게 대답할까? 그들은 델러웨어는 우리가 원하는 것을 잘 알고 있기 때문이라고 말할 겁니다. 델러웨어 주정부는 반응이 빠르고 기업가들처럼 사고합니다. 회사들이 서류를 작성하느라 기다리는 시간만큼, 사람들이 고용되지 않는 시간도 늘어나는 것이죠."

민간부문의 모든 리더들이 공공부문에서도 좋은 성과를 낼만큼 실력 있는 것은 아니다. 그러나 민간부문의 최고의 리더들은 정부조직이 필요로 하는 리더십 기술을 모두 갖추고 있다. 사회나 정부가 직면하고 있는 문제들은 B(Bureaucracy, 관료주의)급 리더가 감당하기에는 너무나 복잡하다. A급 리더, 즉 리더십의 3A에 통달한 리더가 투입되어야 한다.

뉴욕시장인 마이클 블룸버그Michael Bloomberg의 명언이다:

"많은 사람들이 '비즈니스와 정부행정과의 차이가 무엇'이냐고 묻는다. 나는 항상 농담 삼아 비즈니스는 잡아먹고 잡아먹히는 세계이고, 정부는 반대로 잡아먹히고 잡아먹는 세계라고 말한다."

비즈니스는 어렵다. 정부 일도 쉽지 않다. 그러나 유능한 리더는 두 가지 상황 모두에서 성공을 거둘 수 있다.

동료, 시민, 독자 여러분에게 민간부문의 리더가 공공부문에서 이룬 위대한 성과에 대해 즐겁게 들어볼 만한 스토리를 몇 가지 더 소개하려고 한다. 리더정치 운동을 확산시킬 핵심 방법 중에 하나는, 바로 동료 시민들이 개인적인 의구심을 떨치고 민간부문 리더들이 정부에서 일하기를 원하게 되는 것이다.

민간부문의 리더들 중에서 정부로 전향하는 사람들에 대한 편견이 있다. 지나치게 자기중심적이며 부패하다는 것이다. 물론 일말의 진실을 반영하는 말이기도 하다. 간혹 그런 사람들도 있기 때문이다. 하지만 그러한 사람들을 걸러 내고 유능한 사람들을 뽑으면 어떻게 될까? 어차피 지나치게 자기중심적이며 부패한 리더는 애초부터 좋은 리더가 아니다.

비즈니스 세계의 존경할만한 여러 인물들과 리더정치의 개념에 대해 논의해 보았다. 그러자 일부 리더들은 나에게 민간부문 출신에다 청렴한 공직자들을 소개해주었다. 그렇게 해서 알게 된 사람이 마크 엠케스였다. 나는 '스칼렛 리더십 인스티튜트 Scarlett Leadership Institute'의 설립자(이 사람 역시 최고의 성공을 거둔 트랙터 서플라이 컴퍼니의 전 최고경영자임)인 조 스칼렛에게 내 의견을 말했다.

그러자 "마크 엠케스를 꼭 만나보세요. 결코 부패하지 않을 사람이고, 주정부에 이익이 되는 것이 무엇일까를 최우선으로 생각하는 사람입니다. 앞서가는 것에 대해서는 눈곱만큼도 관심이 없고, 외부의 압력에도 전혀 흔들리지 않죠. 다른 하자가 전혀 없기 때문에 재정적 결정은 오로지 주정부에 유리하게 내릴 수 있는 거죠."

민간 출신 리더는 정부의 자원을 친구 회사나 이전에 근무하던 기업으로 빼돌릴 것이라고 생각할 수는 있다. 물론 그런 경우가 없었던 것도 아니다. 비즈니스 리더는 비정하기도 하고 부패하다고 생각할 수도 있다. 때로는 이것이 사실이다. 그러나 그런 사람은 3A를 갖춘 유능한 리더라고 할 수 없다.

버니 매도프나 월드컴WorldCom의 버니 에버스, 엔론Enron의 제프 스킬링을 예로 들어보겠다. 이들이 리더로서 위대했다고 할 수 있는가? 아니다. 이들은 권력을 얻자 일시적으로 투자자들에게 매력적인 수익을 제공했다. 그러나 결국 사기죄로 유죄 판결을 받았다. 이들에게 돈 이외에 인생을 통해 이루고 싶은 가치가 있었을지도 의문이 든다. 그렇지만 모든 비즈니스 세계의 리더들이 이들 같은 건 아니다.

다른 유형의 리더, 즉 미시건 주의 주지사인 릭 스나이더와 비교해보자. 릭은 어린 나이에 이미 자신의 커리어를 단계적으로 쌓기로 했다. 먼저, 민간부문에서 커리어를 쌓고 그런 다음 지역사회를 위해 커리어의 일정기간 동안은 공직에 종사하기로 했다. 마지막으로 그는 사람들을 가르치고 싶었다. 그래서 스나이더는 24세라는 나이에 공인회계사CPA, 경영학석사MBA, 법학박사JD 학위를 전부 취득했다.

민간부문에서 그는 쿠퍼스 & 라이브랜드Coopers & Lybrand(지금은 프라이스 워터하우스 쿠퍼스Price Waterhouse Coopers)에서 뛰어난 성과를 올렸고, 6년 만에 합병을 성사시켰다. 그 뒤 컴퓨터 회사인 게이트웨이 Gateway를 7백 명의 직원에서 1만 명 규모의 회사로 성장하도록 도왔다. 이 과정에서 게이트웨이는 주식을 상장했다. 게이트웨이의 규모가 커지자 자신이 품고 있던 기업가 정신을 따라 창업 투자회사를 설립했다. 이를 통해 일자리도 창출했고 다양한 산업분야의 회사들을 세웠다. 지금은 주지사로 일하면서 그때까지의 경험을 살려 주변에 큰 영향을 미치고 있다. 그는 미시건 주를 위해 어려운 결정들을 내려 예산 수지를 맞췄고, 다양한 방법들을 통해 시민들에게 봉사하고 있다.

정부에 훌륭한 리더가 없다면 관료주의의 쳇바퀴에서 스스로 벗어나기 어렵다.

"정부는 현존하는 마지막 독점기업이죠. 미국이 독점을 허용하지 않는 이유가 있습니다. 독점기업은 바가지를 씌우면서 고객에게 충분한 서비스는 제공하지 않습니다. 경쟁 상대가 없기 때문에 더 나은 행동을 할 필요가 없는 것이죠. 이 때문에 정부조직에 책임감을 심어주지 않으면 책임감을 상실하게 되죠. 비즈니스를 해본 사람은 이런 점이 얼마나 폐해를 가져오는지 잘 알고 있을 겁니다." 미치 대니얼스의 말이다.

만약 미국 국민들이 우리 회사를 고용하여 50개 주의 리더를 임명해달라고 했다면 어떻게 되었을까. 분명 지금 50명의 주지사 명단은 달라졌을 것이다. 미국 전역에 존 히켄루퍼, 잭 마켈, 릭 스나이더, 미치 대니얼스들이 더 많이 일하고 있다면, 얼마나 더 많은 성과들을 성취할 수 있을지 생각해 보라.

예산은 균형을 맞출 것이고, 고용창출을 위한 안전하고 단단한 기반이 마련될 것이다. 이를 통해 더 나은 삶의 질을 기대할 수 있을 것이다. 정부에 유능한 리더들이 더 많이 존재하면 그런 결과를 얻을 수 있다. 왜냐하면 더 많은 리더들이 리더십의 3A를 효과적으로 실천할 때 따르는 당연한 결과이기 때문이다. 유능한 리더는 시민의 요구를 분석하고, 한정된 자원을 최선의 방법으로 사용할 수 있도록 배분하고, 기대되는 성과를 달성하기 위해 사람들이 단결된 행동을 할 수 있도록 조정함으로써 리더십의 3A를 실천한다.

이 장을 읽으면서 민간부문에는 우리가 마음껏 활용할 수 있는 유능한 리더들이 마치 손대지 않은 어마어마한 자원의 보고처럼 존재하고 있다는 사실을 깨달았는가? 리더십의 3A에 능통한 리더들이 정부조직에 더 많이 진출하면 좋겠다는 생각이 드는가? 나는 정말로 그랬으면 좋겠다.

그런데 한 가지 문제가 있다. 히켄루퍼 주지사가 "리더들이 도통 오려고 하질 않아요!"라고 했던 말을 기억하는가? 지금 우리가 풀어야할 다음 과제는 "어떻게 하면 유능한 리더들이 정부조직에서 더 많이 일하고 싶게 만들 수 있을까?"이다. 이는 리더들이 정부에서 일하는 것을 회피하는 이유를 확인하는 것부터 시작해야 한다. 다음 장의 주제이기도 하다.

리더정치에 대한 논의

1. 리더십 기술은 보편적으로 적용할 수 있다고 생각하는가?
2. 민간부문의 리더들이 정부에 얼마나 더 진출해야 한다고 생각하는가?
3. 미국에서 최고의 성과를 내는 회사를 경영하는 방식과 동일하게 정부를 운영한다면 어떤 결과가 나올 것이라 생각하는가?

왜 유능한 리더들은
정부에서 일하려 하지 않는가?

"우드로 윌슨이 말하는 리더는, 국가적 양심을 대담하게 해석함으로써
사람들을 일상의 자아로부터 한 단계 끌어올리는 리더이다.
또한 이들을 한 단계 더 높은 본연의 모습으로 끌어올리는
변화를 이끌어내는 것이 위대한 리더십의 비결이다."

―제임스 맥그레거 번즈 James MacGregor Burns

당신이 민간부문에서 큰 성과를 거둔 리더라면 계속 이 책을 읽어야 한다.

이 책의 도입부 절반은 선거에 참여하는 대중을 설득하는 데 투자

했다. 유능한 리더인 당신은 이미 알고 있는 사실들로 말이다. 바로 당신과 같은 유능한 리더가 정부에서 더 많이 일하고 있다면 사회에 큰 혜택이 될 것이라는 점을 강조하기 위함이었다.

이제 당신을 설득하려고 한다. 정부에 참여해 달라. 그래서 먼저 유능한 리더가 왜 정부를 기피하는지를 제시하려고 한다.

어쩌면 조 스칼렛과 유사한 생각일 수도 있다. 스칼렛이 민간부문에서 리더십을 발휘했던 이야기는 인상적이었다. '트랙터 서플라이'사에서 상무로 승진한 지 얼마 안 돼서, 그는 회사가 많은 손실을 보고 있음을 알게 되었다. 그 후 모사(母社)는 최고경영자를 해고하고, 임시방편으로 다른 경영인을 데려왔다.

1938년에 설립되어 자랑스러운 유산을 유지해오며 농부들에게 유용한 서비스를 제공해 오던 회사로서는 지극히 안타까운 결말이었다.

그런데 놀라운 일이 일어났다. 모사는 임시 경영인을 회장으로 임명했고, 그 회장은 조를 부회장으로 임명했다. 그리고 둘은 함께 변화를 시도했다.

"일단 1천 3백만 달러에 달하던 손실을 다음 년도에 5백만 달러로 줄였습니다. 그리고 다음 년도부터 수익을 내기 시작했습니다. 흑자는 지금까지 이어지고 있습니다." 이 일은 1980년대 초반에 일어났던 일이다. 그들은 이런 대반전을 어떻게 이룰 수 있었을까?

첫째, 모사가 '트랙터 서플라이' 사를 경매에 붙이자 최고경영자와 조, 또 다른 세 사람의 리더는 기업담보 차입으로 회사를 인수했다. 두 번째, 새로운 주요고객으로 '주말 농부(여가생활로 작물을 키우는 사람들)'를 타깃으로 정했다. 그리고 주말 농부들의 요구에 따라 가게의 위치, 판매 물품의 종류, 영업시간 등을 조정해서, 그들의 요구를 충족시키려고 온 힘을 다했다.

하지만 스칼렛은 성공의 가장 중요한 요소는 위의 두 가지가 아니었다고 말한다. 성공비결은 재능과 문화였다.

"우리는 항상 올바르게 일하는 것에 초점을 맞추고 아주 강력한 기업문화를 구축했습니다. 이 기업문화란 항상 현명한 선택을 내리고, 가장 적절한 인재를 고용하기 위해 충분한 시간을 투자하고, 고용된 사람들이 점포 및 물류센터를 운영하는 데 충분한 능력을 갖추도록 하는 교육체계를 만들었죠."

이들은 회사를 윤리적이고 최고의 성과를 내는 조직으로 만들기 위해 많은 투자를 했다. 결국 스칼렛은 트랙터 서플라이 사의 CEO의 자리까지 오르게 되었다. 그리고 10년 이상 그 자리를 지켰다. 그러는 동안 회사를 주식시장에 상장할 수 있었고, 수익은 네 배로 늘어났으며, 회사의 주가도 10배로 끌어올릴 수 있었다. 포브스 지는 트랙터 서플라이 사를 '미국에서 가장 건실한 회사' 중의 하나로 지목했다. 스칼렛은 지난 2007년 트랙터 서플라이에서 은퇴했다. 그리고 가족들과 '스칼렛 리더십 인스티튜트'를 설립했다. 다양한 연령대의 학생들에게 윤리적 리더십에 관한 교육을 제공하기 위해서다.

스칼렛이 어떤 성공을 이뤘고 어떻게 성공했는지를 듣고 나니 그를 영입하고 싶다는 생각이 들었다. 그가 '트랙터 서플라이' 사의 상황을 180도로 역전시킨 것과 마찬가지로, 힘겨워하고 있는 정부조직을 완전히 회생시킬 수 있으리라는 확신이 들었다. 그는 유능한 인재를 고용하고, 고객의 요구를 충족시키고, 윤리적 기업문화를 만들고, 직원들을 독려하여 능숙하게 운영해나가며, 최상의 성과를 내는 조직을 구축할 수 있을 것이다. 그래서 스칼렛에게 도발적인 질문을 던졌다.

"정부조직 내에서 리더로서 일해 볼 의향은 없으신가요?"

그가 대답했다. "저도 가끔은 혼자 생각해보곤 해요. 미국의 대통령을 한 번 해보고 싶다고요. 하지만 대통령이 되기 위한 과정을 겪고 싶지는 않아요. 이 나이에 정부에 들어가는 데에는 별로 관심이 없다고 보시면 될 겁니다."

정부는 그에게 항상 낯선 영역이었고 무모하게 뛰어들면 안 되는 곳이었다.

모두가 조 스칼렛과 같은 리더들이 정부에서 일하는 모습을 보고 싶어 한다. 하지만 그를 영입할 수는 없다. 그런 사람을 얻는 일은 굉장히 드물고 어렵다.

몇 달 전, 나는 내가 아는 최고의 리더들에게 동일한 질문을 던졌다. "정부조직의 리더로서 일해 볼 의향은 없나요?" 그리고 "절대 없습니다! 미쳤나요?"와 같은 대답을 들을 것이라고 예상했다. 예상은 적중했다. 리더들의 반대 의견을 들으면서 나는 절대적으로 공감할 수 있었다. 나도 정부조직에서 일한다는 생각에 대해 그들과 똑같은 생각을 했었기 때문이다. 그런데 내가 구체적으로 알고 싶은 것은 리더가 '왜' 정부조직에서 일하는 걸 꺼리는지에 대한 답이었다. 만약 유능한 리더들이 정부를 위해 일하는 것을 회피하는 공통의 장애물이 무엇인지를 알아낸다면, 그것을 제거할 수 있을 것이기 때문이다.

나는 이미 나누었던 대화 내용들에 기초해서, 대부분의 리더들이 어떤 이의를 제기할지 알고 있는 것으로 생각했다. 내가 품고 있던 의문들과 비슷했기 때문이다. 그런데 더 많은 리더들과 대화를 나누어 보니 놀랍게도 의외의 우려를 갖고 있는 리더들이 상당히 많았다. 가장 흔히 언급된 세 가지의 장애물은 다음과 같다:

1. 확신 Confidence

정부에 대한 지식과 관료체계에 대해 잘 모른다고 생각하기 때문에 잘 할 수 있을지에 대한 확신이 없었다. "정부 일에 대한 지식적 기반이 부족하고 관료체제에 대해서도 익숙하지 않기 때문에, 제가 일을 제대로 할 수 있을지 모르겠습니다."

2. 대가 Cost

치러야 할 대가가 너무 클 것이라고 생각했다. "정치 게임을 하는 데 드는 재정적 비용이나 심리적인 압박에 시달리고 싶은 마음이 없습니다."

3. 기밀성 Confidentiality

언론에 노출되는 것에 대한 두려움을 갖고 있었다. 다음의 말을 리더들에게서 여러 번 들었다. "가족이나 제가 공개적인 검증대에 오르고 싶지 않아요."

이런 장애물들을 먼저 민간 출신 리더의 관점에서 자세히 살펴보자. 그런 다음 공공부문의 리더에게 실상이 어떤지 들어보자.

장애물 1. 확신의 부족

유능한 리더들은 대부분 성공할 수 있다는 확신을 가질 수 있는 일을 하고 싶어 한다.

그런데 많은 리더들은 정부에 익숙하지가 않다. 그나마 정부에 대해 알고 있는 사실들도 지레 겁을 먹게 할 뿐이다. 정부에서 '과연 성공할 수 있을까'라는 의구심이 드는 것이다. 위험요소는 많아 보이고 기회는 적어 보인다. 리더가 확신을 갖지 못하게 하는 결정적인 요인은 두 가지가 있다.

첫째는 정부에 대한 지식이나 경험이 부족한 점이다. 둘째는 정부에 변화를 일으키려면 민간부문에서 했던 것처럼 자신의 능력을 마음껏 활용할 수 있어야 한다. 하지만 거대한 관료체제에 부딪혀 자신의 재능을 활용하지 못하면 어쩌나 하는 우려를 갖고 있다.

"처음 저의 반응은 제가 적임자가 아니라는 것이었죠."
크리스틴 러셀Kristin Russell은 콜로라도 주정부의 과학기술부 장관 및 정보관리최고책임자 자리를 처음에는 맡으려 하지 않았다며 이유를 설명했다. 정부라는 세계는 너무나 이질적이라고 생각했는데, 오해였다며 큰 손동작을 하면서 러셀은 밝게 웃었다. 참고로 러셀은 평범한 정보기술자나 정부 지도자처럼 행동하지 않았다. 그녀는 기운이 넘치고 대단한 카리스마를 뿜어내며, 어떤 상황에서든 자신의 의견을 말하는 것을 두려워하지 않는다. 성격은 영화 '블라인드 사이드The Blind Side'의 산드라 블록과 유사했다. 날카로운 말투와 순수한 마음을 동시에 갖고 있는 리 앤 투오이Leigh Anne Tuohy를 연상시킨다.

"'러셀 씨, 주정부 내각의 한 자리를 맡아 주십시오'라고 요청 받았을 때, 저는 '내각이 뭘 하는 자리지?'라는 생각이 들었어요. 그래서 이렇게 대답했습니다. '제안해주셔서 감사하지만 사양하겠습니다. 제가 그 일을 잘 할 수 있을 것 같지 않습니다. 능력이 있는 것도 아니고, 정부가 어떻게 돌아가는지 잘 알지도 못하고, 더군다나 제가 하고 싶은 일도 아니네요'라고요."

콜로라도 시민에겐 다행스럽게도 러셀은 결국 마음을 돌렸다. 이 책을 쓰기 위해 러셀과 대화를 나눴을 때는 그녀가 공직에 발을 들인 지 1년 정도 되었을 무렵이었다. 업무를 따라 잡는 데는 6개월이 걸렸다. 6개월이면 그리 긴 편은 아니었다. 러셀은 공직에 있기 전 오라클Oracle에서 글로벌 IT 서비스 부사장으로 있으면서, 전 세계에 산재해 있는 데이터베이스센터의 책임을 맡고 있었다. 오라클에 있기 전에는 썬 마이크로시스템즈Sun Microsystems에서 비슷한 직위에 있었다. 나는 민간 기업에서 리더로서 업무에 적응할 때까지 얼마나 걸렸는지 물었다. "비슷하게 걸렸습니다. 6개월 정도요." 민간부문에서도 상황을 파악하는 데 6개월, 정부조직의 리더로서도 6개월 정도면 충분했다.

러셀은 정부조직에서의 역할을 완전히 파악하는 것이 민간부문에서 역할을 파악하는 것보다 어떤 측면에서는 더 쉬웠다고 말했다.

"정부에서는 산더미처럼 많은 문서를 보고 파악할 있습니다. 그러나 민간부문에서는 훨씬 더 전승적인 방식이 많았다고 할 수 있죠. 개인적으로 사람들을 만나서 정보를 제공받아야 하니까요."

하지만 이처럼 적응의 문제가 해결되었다고 해도 아직 관료체계와 권한 부족에 대한 문제가 남는다.

어느날 내가 타일러 티스달에게 "정부조직의 리더로서 일해 볼 의향이 있습니까?"라고 물은 적이 있었다. 이때 하마터면 티스달의 코에서 마시고 있던 아이스티가 뿜어져 나올 뻔 했다. 티스달은 막 웃어 재끼더니 결국 사레까지 들어 콜록거렸다. 사레가 가라앉자 그가 이렇게 말했다.

"정부라고요? 정부에서 일하고 싶을 리가…." 그리고는 먹던 치킨 시저 샐러드를 열심히 다시 먹기 시작했다.

티스달은 뛰어난 리더 중의 한 사람이다. 그는 네브래스카 주의 시골의 평원에서 자랐다. 정직하게 열심히 일해야 한다는 가정교육은 그가 타고난 리더십을 익히는 데 많은 도움이 되었다. 고교와 조지타운대학에서 학생회장을 맡았고, 워싱턴에서는 여성 국회의원인 버지니아 스미스의 인턴으로 일했다. 또 하버드대학교 경영대학원Harvard Business School에서는 MBA를 취득했다. 그 뒤 10여 개의 기업을 설립하고, 이끌고, 투자하면서 성공적인 커리어를 일궈냈다.

"왜 정부에서 일하고 싶을 리가 없을까요?" 내가 물었다.

타일러는 호흡을 가다듬고 잠시 생각하더니 이렇게 대답했다.

"정부에서 일하고 싶지 않은 가장 큰 이유는 제가 가진 능력을 활용하기 어려운 환경이기 때문이죠. 정치를 하려면 결국, 음… 정치적인 행동이 필요하지 않겠습니까? 실제로 일을 완수하기까지 제약이 따를 것이라는 게 제 생각입니다. 끊임없이 규칙과 정책을 따라야 하고 비대한 관료주의 틀 안에서 일해야 하죠. 하지만 이것들은 리더의 권한을 제한하는 것들이죠. 그냥 이끌어 갈 자유가 없는 겁니다. 비즈니스에서 제가 이룬 성공을 고려할 때, 그런 환경은 매우 불만스러울 것 같습니다. 절대로 안 하고 싶습니다. 정부에서 일할 생각은 없어요."

게이트웨이의 설립자인 테드 와잇Ted Waitt의 답변은 정부에서 일하는 것에 대한 리더들의 공통된 생각을 잘 포착하고 있다. "정부조직에서 리더로서 일한 의향이 있으십니까?"라는 물음에 그는 '아니요'라고 대답했다. 나는 그 이유를 물었다. "정부에서 하는 일은 항상 위험을 감수해야 하는 일입니다. 그리고 현실에 실제적인 영향을 미치기가 어렵습니다." 리더들의 일반적인 반응은 대개 이렇다.

"정부 기관은 느리게 돌아가는 것으로 인식하고 있습니다." 아론 케네디Aaron Kennedy의 말이다. 케네디는 누들 & 컴퍼니Noodles & Company의 설립자다. 누들 & 컴퍼니는 콜로라도에서 가장 뛰어난 경영 성공사례로도 유명하다. 케네디를 보면 펩시Pepsi의 마케팅 담당자가 떠오른다. 실제로 그는 누들 & 컴퍼니를 세우기 전에 펩시에서 마케팅 담당자로 일하기도 했다. 그의 미소년 같은 얼굴에는 책임감이 서려 있다. 멋진 안경을 쓰고 있으며 편안한 미소를 띤다. 숫자와 언어에 관해 훌륭한 구사력을 갖추고 있으며, 강력한 브랜드 감각을 갖고 있다. 1995년에 첫 레스토랑을 열어 누들 & 컴퍼니 체인을 설립했고, 지금까지 284개 이상의 레스토랑을 보유한 전국 규모의 프랜차이즈로 성장했다. 누들 & 컴퍼니의 수익은 3억 달러가 넘고 7천명에 가까운 직원들을 고용하고 있다.

리더로서 케네디는 놀라운 일을 해낸 것이다. 하버드 경영대학원은 케네디에 대한 사례연구를 시행했고, 현재 900명의 경영학 석사 1년생 모두가 그의 사례를 배운다.

2011년에는 언스트 앤 영Ernst & Young에서 올해의 기업인으로 선정되기도 했다. 누들 & 컴퍼니도 다수의 상을 수상했다. 헬스Health 매거진이 '미국의 10대 몸에 좋은 패스트푸드 음식점'으로 선정했고, 패어런츠Parents는 '10대 패밀리 레스토랑' 가운데 하나로 누들 & 컴퍼니를 뽑았다. 최고경영자의 자리에서 은퇴한 뒤에는 자신의 농장에서 기거하면서 커모션 프레시 푸드Commotion Fresh Foods를 설립했다. 이 회사는 어린이를 위해 몸에 좋고, 맛좋고, 영양가 높은 유기농 음식을 제공하며, 부모들의 입장에서는 만들기 쉽고 저렴한 음식이 되도록 하는 것이 특징이다. 케네디는 유능하고 진정성 있는 리더로서 정부뿐만 아니라 어떤 환경에서도 효과적으로 일할 수 있는 리더 유형이라고 할 수 있다.

그럼에도 케네디는 정부에서 일하는 것에 대해 확신하지 못했다. "정부조직은 관료주의를 연상케 하죠. 기반구조와 처리해야 할 규칙이 굉장히 복잡합니다. 이는 성공을 가로막는 가장 큰 장벽이죠."

도입부에서도 강조했듯이 관료주의의 문제는 심각하다. 그런데 정부에서 일하는 민간 출신 리더들에 따르면, 마음만 먹으면 정부를 변화시키는 것은 가능하다고 말한다. 즉 관료주의의 부정적인 타성에서 벗어날 수 있다고 한다. 다만 그러기 위해서는 관료주의의 너머를 관통해 볼 줄 아는 리더, 문제를 중점적으로 다룰 줄 아는 리더, 적극적으로 행동할 의지를 가진 리더가 필요할 것이다.

미치 대니얼스 주지사에게 관료주의의 장벽에 대해 질문을 하자, 그는 인디애나 주를 대표하는 공무원조합을 가장 먼저 떠올렸다. 공무원조합은 관료주의를 극도로 심화시키고 있었다. 조합과 맺고 있는 여러 계약 때문에 정부는 효율적이고 효과적인 방법으로 조직을 변화시키지 못하고 있었다.

"뒷다리를 물고 늘어지던 160페이지 분량의 단체교섭협정을 없애버렸어요. 만약 우리가 리더들에게서 그런 수갑을 풀어주지 않았더라면, 함께 일하려고 데려왔던 몇몇의 리더들을 떠나보내야 했을지도 모릅니다." 대니얼스 주지사는 자신의 저서 〈공공성을 유지하라 Keeping the Republic〉에서 이렇게 말했다. "협정 내용이 너무나 구체적이고 빽빽해서 그런 조건 아래서는 조합의 허락이 없으면 복사기도 마음대로 사용할 수 없었습니다. 유능한 직원의 보수를 올려주고 그렇지 못한 직원은 내보내며, 부서를 재조직하거나 서비스를 기업에 위탁하는 일은 상상도 못할 일이었죠." 또한 협정 내용은 주정부의 모든 직원의 급여에서 2퍼센트를 직원의 동의와 상관없이 조합이 거두고 있었다.

이런 상황에 대해 대니얼스 주지사는 어떻게 했을까? 변화를 일으키기에는 자신의 권한이 너무 약하다며 초조하게 손을 쥐어짰을까? 아니다. 대니얼스는 취임하고 이틀째 되던 날, 인디애나 주정부 직원 전부가 의무적으로 조합에 가입하도록 되어 있던 관행을 폐지한다는 행정명령에 서명했다. 관료제여, 안녕하고. 시위가 일어나고 격분한 어조의 논평이 나올 것으로 예상했지만 그런 일은 일어나지 않았다. 공무원들은 당연하게 받아들였다. 그리고 조합비에 대한 선택권이 생기자 90퍼센트 정도가 조합비를 내지 않게 되었다.

대니얼스는 조합가입 의무조항을 폐지한다는 결정적인 조치 하나로, 저조한 성과를 내고 있는 부서에 대해 신속하고 효과적으로 대대적인 변화를 가져왔다. 2004년 대니얼스가 취임할 당시, 인디애나 주의 아동복지 시스템은 전국에서 가장 취약했었다. 그가 재직하는 동안, 재조직되고 개편되어 활기를 띤 인디애나 아동 복지부는 2011년에 정부에서 주는 최고의 상을 수상하기도 했다. 또한 다른 주의 역할 모델이 되었을 뿐만 아니라, 인디애나 주의 아동들에게 새로운 차원의 서비스를 제공하고 있다.

"이 일을 통해 저도 기분 좋게 놀랐습니다."

그는 관료주의에 맞서는 것이 불가능하지 않다는 것을 깨달았다.

주지사로서 할 수 있는 일이 너무나 많다는 사실에도 놀랐다. 나는 대니얼스에게 단도직입적으로 정부에서 일하는 것에 대해 만족스럽냐고 물어보았다.

"이 일을 통해 저도 기분 좋게 놀랐습니다. 현재 미국 정치의 여기저기가 정체되어 있습니다. 그래서 초기에는 해내고 싶은 일의 어느 정도를 실제로 실행에 옮길 수 있을지 알 수 없었습니다. 하지만 그동안 엄청나게 많은 일들을 이뤄냈습니다. 처음 기대했던 것보다도 더 많이 이루었습니다. 어제 저녁 한 정치 칼럼니스트가 신문사 편집장들에게 저를 이렇게 소개하더군요. "신문에서 다룬 정부의 변화와 개혁에 대한 소식들이 200년 역사를 통틀어 들은 것들보다 지난 7년 동안이 더 많았다"고 말입니다."

히켄루퍼 주지사에게 관료주의를 극복하고 정부에 변화를 일으키는 것이 가능한지에 대해 질문했다. 그는 이렇게 대답했다.

"네, 가능합니다. 다만 민간부문에서처럼 직선적으로 변화를 일으킬 수는 없습니다. 민간부문에서는 그냥 결정하기만 하면 대부분 실행할 수 있으니까요. 공공부문에는 입법부를 설득하는 하나의 단계가 더 있습니다. 하지만 그건 민간부문에서 어떤 결정을 내린 뒤, 이사회나 경영진에게 실행하도록 설득하는 것과 별반 다르지 않습니다."

크리스틴 러셀의 말을 들었을 때는 어안이 벙벙했다.

"정부조직에서 리더를 맡게 되면 즉각 권한이 주어집니다." 놀랍게도 러셀은 민간부문의 리더들이 두려워하는 것과는 정반대로 느끼고 있었다. 이전에 일하던 민간부문에서보다 지금의 정부에서 일하는 것이 오히려 더 많은 권한을 행사할 수 있다는 것이다.

"민간부문의 최고위급 지위에서도, 정부의 리더 위치에서 갖는 기회나 권한을 갖기는 어려워요. 주정부에서 제가 행사할 수 있는 권한과 자율성 덕분에 열정적으로 일하고 있습니다."

요점은 이렇다. 민간부문의 리더가 정부를 기피하는 이유 중 하나는, 권한을 갖고 주어진 환경에서 성공할 수 있을지에 대한 확신이 없기 때문이다. 하지만 실제로 정부에 뛰어든 민간부문의 리더는 이와는 상반된 주장을 한다. 변화를 일으킬 수 있는 충분한 권한과 기회가 주어진다는 것을 발견한 것이다. 첫 번째 장애물인 확신 부족은 리더가 정부의 실상에 대해서 잘 알지 못하기 때문이라는 결론을 내릴 수 있다. 어떤 실존하는 구조적인 장벽이 리더가 정부에서 성공하지 못하도록 방해하는 것이 아니다. 유능한 리더는 정부에서 결정을 내릴 수 있고 관료주의도 완화시킬 수 있다. 남아 있는 관료주의의 장애물들을 혁파하고, 주어진 환경에서 일을 수행한다면 충분히 성공할 수 있는 것이다.

장애물 2. 대가

대린 앤더슨Darrin Anderson은 시민들이 정부에 있어주길 바라는 유형의 리더이다. 대린의 능력은 바위처럼 단단한 그의 성품과도 일치한다. 그가 인생에서 극복한 모든 어려움과 도전을 생각하면 자못 심각하고 내성적인 성격일 거라고 예상할 수 있다. 하지만 대린은 곰 인형 같은 사람으로 편안한 웃음과 확신 가득한 설교가 스타일의 남부 특유의 느린 말투를 구사한다. 비즈니스 리더는 모두 명문가 출신의 귀족이고, 아메리칸 드림은 더 이상 불가능하다고 생각하는 사람이 있다면 대린의 커리어를 음미해 보아야 한다.

대린은 일리노이 주의 시골 마을의 형편이 넉넉지 못한 가정에서 자랐다. 아버지는 생계유지를 위해 두 가지 일을 하셨고, 어머니는 집에서 대린과 손아래 형제자매 3명을 돌보았다. 어머니는 식료품에 들어가는 돈을 최대한 아끼려고 아침 식사 때면 물을 탄 우유를 주시곤 했다.

대린은 일찍부터 스스로 리더십 기술을 개발했다. 고등학교 풋볼 팀의 MVP였고, 풋볼 팀과 농구 팀 모두에서 주장을 맡았다. 미 육군 사관학교에서는 경제학을 전공했고, 걸프전 때는 기갑사단에서 정찰 소대를 지휘하여 무공훈장을 받기도 했다. 육군을 떠날 때 30명의 또래 중위 집단에서 최고의 장교로 평가 받았다.

그 후 대린은 민간부문으로 들어왔고, 뛰어난 능력 덕분에 고속 승진할 수 있었다. 그는 수술용 장비 대리점을 하면서 수익을 400퍼센트나 증가시켰다. 얼라이언트 푸드서비스Alliant Food-service에서는 최악의 성과를 내던 팀을 맡아 2년 만에 2백만 달러 규모로 성장시켰다. 현재는 HD 서플라이HD Supply 사의 지사장으로 재직 중인데 목표량을 자주 뛰어 넘고 있다. 팀 구성원들은 최고경영자에게 전화를 걸어 역대 최고의 상사인 대린의 장점을 극찬하곤 한다. 그가 가는 곳마다 수익은 증대시키고, 비용은 줄이며, 위기에 빠진 부서를 회생시키고, 팀의 성과와 의욕을 고취시킨다.

최근 대린과 이야기를 나누다가 대화 도중에 물었다.

"정부조직의 리더로서 일해 볼 의향은 없나요?"

그는 망설임 없이 대답했다. "노(No)."

대린이 느끼는 주된 장애물은 정부를 위해 일하면서 치러야할 대가였다. 먼저 기회비용을 생각해야 했다. 민간부문에서 받던 급여와 비교할 때 줄어들 수밖에 없는 수입과, 장기적으로 볼 때 본업에서 잠시 이탈한 것에 대한 잠재적인 악영향도 예상해야 했다. 둘째, 정치를 하면서 겪게 될 정신적인 수모도 감안해야 했다.

대린이 부유한 환경에서 자라지 않았다는 점을 기억하라. 그는 지금 직장 경력 중에서 가장 수입이 좋은 시절을 만끽하고 있다. 자녀들에게 안정되고 편안한 환경을 제공하고 대학교육을 시키고 싶어 한다.

"정부에서 일하려고 민간부문을 떠나는 것은 저와 제 가족에게 굉장히 큰 대가를 요구하는 일이에요. 희생을 각오할 생각이 딱히 없습니다."

그러나 크리스틴 러셀의 경우 공직에 종사함으로써 치러야 할 직업적 대가가 약간 달랐다. 민간부문의 직장을 아예 포기해야 될까봐 걱정했던 것이다.

"가장 겁이 난 것은 꽤나 큰 이 모험에 뛰어들었다가 평생 동안 정부에 묶여 있어야 할지도 모른다는 생각이었습니다. 떠나고 싶어도 떠날 수 없게 되는 것이죠. 다시 민간부문으로 돌아갈 수 없게 되는 겁니다. 공백이 길어 어쩌면 제 능력이 민간부문으로 돌아가기에 더 이상 적절하지 않게 돼버릴 수도 있겠죠. 아니면 "공직에 있던 사람이 뭘 알겠나? 진짜 세상과는 단절되었던 사람이지"라는 오해를 살까봐 두려웠습니다."

다수의 능력 있는 공직자들이 민간부문에서 일할 때만큼의 소득을 올리지 못하는 것은 사실이다. 정부는 항상 빠듯한 예산으로 운영되기 때문이다. 그러나 민간부문에서 이미 탄탄한 경력을 세운 사람이라면 이미 부를 성취했을 것이고, 다시 돌아가서 좋은 결실을 얻으면 된다.

평생을 놓고 볼 때 직장경력 중 2년 정도 줄어든 소득은 그다지 큰 문제가 되는 것은 아니다. 능력이 뛰어난 리더라면 특히나 그렇다. 20세부터 65세까지 일한다고 가정해 보자. 총 45년이다. 그 중 2년 정도의 짧은 시간동안 정부에서 일하게 되면, 줄어든 소득으로 생활하는 기간은 전체의 4퍼센트 밖에 되지 않는다. 정부에서 단기간 일한다고 해서 경력이 궤도를 벗어나거나 민간부문에서 달가워하지 않는 사람이 되는 것도 아니다. 오히려 그 반대에 가깝다. 크리스틴 러셀의 경우 회사는 그녀가 정부에 진출하는 것을 격려해주었다. 그리고 임기가 끝나면 돌아올 자리를 마련해주겠노라고 약속했다. 자신의 본업을 지속적으로 희생할 위험 없이 공직에 들어섰다 나가는 것이, 다른 나라에 비해 미국은 매우 수월한 편이다. 젊어서 공직에 참여했다고 해서 평생 정부에 눌러 앉아야 하는 것도 아니다. 많은 사람들이 공공부문을 떠나서도 민간부문에서 성공적인 인생을 살아간다.

브라이언 셀랜더는 마켈 주지사 아래서 전략최고책임자로 일했다. 능력 있는 전문가이며 민간부문과 공공부문 모두에서 일한 경험을 갖고 있다.

"정부에서 일한 경력이 저를 비즈니스 영역에서도 더 나은 리더로 만들었습니다. 금전적인 인센티브가 없어도 사람을 움직이고 팀에 동기를 부여해야 하죠. 매일 일어나는 언론 보도와 아슬아슬한 줄타기도 해야 하고요. 경쟁자에게 시장 점유율을 빼앗는 것이 아니라, 아예 유통과정에서 제외시켜 버리는 것, 복잡한 정책의 쟁점 중에서 핵심을 충분히 설득력 있게 요약해야 하는 것, 그래서 혼란에서 벗어나 대중의 인식을 바꾸는 것. 비즈니스에서는 쉽게 경험할 수 없는 호된 시련의 장이었죠."

정부가 민간부문에서 최고의 재능을 발휘하던 리더들에게 '고임금'을 지불할 수도 있겠지만 이는 흔한 일은 아니다. 그래서 정부의 고위직에 있는 사람들은 유능한 리더들을 정부조직에 더 많이 영입하는 것이 쉽지 않다는 걸 잘 안다. 그래서 리더들을 가로막는 장벽을 무너뜨릴 방법을 모색하는 것이다. 미치 대니얼스 주지사는 주정부에서 상무부Department of Commerce를 없애고, 민관 비영리 회사인 경제개발협력기구Economic Development Corporation를 설립했다. 경제개발협력기구는 공금뿐만 아니라 민간자금도 지원받기 때문에 특별한 능력을 갖춘 사람들을 데려올 재정적 여유를 마련할 수 있었다. 이렇게 해서 고용한 사람들을 인디애나 주의 경제 여건을 개선하는 데 관심을 쏟도록 했다.

"그런 사람들을 영입하려면 때로는 많은 비용을 지불해야 합니다." 대니얼스 주지사가 설명했다. 시간이 지나면 민관 협력은 더 많아질 것이고, 이는 공공 서비스의 질적 향상에 도움이 될 것이다.

존 히켄루퍼 주지사도 그런 계획을 구상하고 있다. 덴버 포스트The Denver Post는 이 계획을 '주정부의 인사 시스템에 있어서 40년 만의 전면적인 변화'라고 칭송했다. 히켄루퍼가 목표로 하는 것은 무엇일까? 가장 유능한 직원들을 끌어들이고 그들에게 대가를 지불하는 데 방해가 되는 융통성이 없는 규정들을 혁파하는 것이다.

리더들은 재정적, 직업적 대가 말고도 정부에서 일하면서 심리적으로 겪어야 할 대가를 두려워한다. 대린 앤더슨은 정부 관료들이 해야 할 끔찍한 의무에 대해 이해할 수 없다고 했다. "온갖 집단의 비위를 맞춰줘야 합니다. 비용은 절감하되 노인 혜택은 건드리지 마십시오! 조합을 화나게 하지 마십시오. 늘 이렇습니다. 한 자리를 차지하고 그 자리에 계속 있으려면, 온갖 집단에게 아부를 하고 그들과 영합해야 합니다. 시간을 그렇게 보내고 싶지는 않습니다."

조 스카릿도 테네시 주의 존경받는 주지사 빌 하슬람Bill Haslam을 언급하면서 앤더슨의 생각을 투영했다.

"주지사가 되려고 하슬람이 해야 했던 일들은 어떤 비즈니스맨들도 하고 싶지 않은 일들입니다. 하슬람은 기금을 마련하기 위해 테네시 전역을 2년가량 돌아다녔죠. 자신이 마치 판매상품인 것처럼 말입니다. 사람들은 말합니다. 그가 다니면서 사람들과 악수하고 아이들과 입도 맞춰야 했다고요. 정말 힘들고 어려운 일 아닙니까? 저는 그렇게 할 수는 없을 것 같습니다. 대부분의 다른 리더들도 마찬가지일 거예요."

다른 리더들에게도 비슷한 우려의 목소리를 들으면서 리더들은 주로 '선출되는 과정'을 두려워한다는 사실을 깨달았다. 그런데 정작 연방정부, 주정부, 지방정부에서 일하는 리더들 중, 국회의원을 제외하면 선거를 통해 선출된 사람의 비율은 아주 낮다.

정부조직 내의 리더는 대부분 임명되거나 고용된다. 민간부문의 리더가 정부조직에서 처음 맡는 합리적인 자리는 선출직이 아닌 임명직이라는 이야기다.

마크 엠케스는 주지사로 당선된 빌 하슬람에게 행정부장관으로 일해 달라는 연락을 받았을 때 이렇게 대답했다고 한다.

"제가 그 일에 적합할지 모르겠습니다. 저는 늘 정부에 대해 비판적인 얘기만 해오던 사람이거든요." 하슬람 주지사는 이렇게 반응했다고 한다. "저도 그랬어요. 그 점 말고는 문제없으시죠?" 그 말을 들은 즉시 엠케스는 주지사에 대한 신뢰가 생겼다고 한다.

두 번째 장애물인 '대가'를 마무리하기 위해서는 일단 이 정도로 해두겠다. 그렇다. 정부조직에서 일하는 것에는 분명 대가가 따른다. 그러나 짧은 기간 동안만 종사하는 것이라면 전체적인 커리어를 고려할 때, 육안으로 확인할 수 있는 규모는 크지 않다. 심리적인 대가도 임명직에 종사하는 경우 그리 크지 않다. 물론 선출직을 추구한다면 선거운동 때문에 비용과 고통이 좀 더 클 수 있다.

장애물 3. 기밀성

"많은 유능한 리더들은 지극히 개인적인 사람들입니다." 톰 힐이 최근에 들려준 이야기이다. 힐은 블랙스톤 그룹Blackstone Group의 부회장으로, 이전에는 글로벌 기업의 CEO였다.

"사람들은 공개적인 검증과 삶에 대한 간섭, 주식, 부동산 소유 등, 사적인 재산에 대한 정보가 공개되는 상황을 매우 난처해하고 있습니다."

마이크 프라이즈Mike Fries도 비슷한 점을 걱정했다. 프라이즈는 국제적인 케이블 TV 회사인 리버티 글로벌Liberty Global을 맨손으로 시작해서 100억 달러의 매출을 올리는 회사로 성장시켰다. 리버티는 현재 14개국에 지사를 두고 있다. 1천 8백만 명의 고객이 리버티를 시청하고 있으며, 2만 명이 넘는 직원을 고용하고 있다.

프라이즈는 현실적이고 민첩한 사람이며 날렵한 턱선은 마치 젊은 날의 로버트 드니로와도 같아 보인다. 프라이즈를 알게 된 것은 젊은 회장들의 모임Young Presidents' Organization에서였다. 그는 우리 세대를 통틀어 가장 유능하고 성공적인 사람이라고 할 수 있다. 프라이즈에게 정부에서 일하는 것을 고려해 보았느냐고 물었다. 그는 생각해 본 적은 더러 있었으나 두 가지 문제가 떠오르더라고 했다.

"첫 번째는 민간부문에서 은퇴할 때쯤이면 정부에서 일하는 것보다 재단이나 비영리조직에서 일하는 것이 더 영향력이 있을 것 같습니다. 정치에 대해 확신이 서지 않습니다. 두 번째는 특히 가족들이 옆에서 겪게 될 일들이 걱정됩니다."

오스트리아에서 전문서비스 기업을 이끄는 안드레아스 바우어 Andreas Bauer는 힐의 말을 확인해주었다.

"공개적으로 감시당해야 한다는 것이 마음에 걸립니다. 저는 제가 누구랑 점심을 먹는지 온 세상이 알기를 원하지 않고, 제 일거수일투족이 논란이 되는 것도 두렵습니다."

누들즈 앤 컴퍼니의 아론 케네디는 사생활 침해를 가장 큰 문제로 꼽았다.

"제가 지나치게 민감한지는 모르겠습니다만, 특별히 숨길 것이 있어서라기보다는 요즘 언론과 인터넷, 블로거들은 정말로 인정사정이 없습니다. 제가 선출직을 위해 출마한다고 하면 우리 아이들은 어떤 상황에 노출이 될까요? 자칫하면 배우자와 자녀들에게 몹시 고통스러운 상황이 될 수 있을 것 같습니다."

자녀와 배우자를 우려하는 마음은 잭 마켈 주지사가 선거에 출마하기 전 제일 고심했던 최대의 장애물이었다.

"출마하지 말아야 할 이유 목록의 1, 2, 3번은 아내, 어머니, 그리고 자녀들이 고약한 내용의 독자투고를 읽거나 그런 말을 들을지도 모른다는 것이었죠. 하지만 주지사로 출마하는 것에 대해 진지하게 생각하면서부터는 아이들도 많이 지지해주었습니다. 아내가 아이들에게 "학교에서 친구들이 아빠에 대해서 안 좋은 말들을 하면 어떨 것 같

니?"라고 묻자

"우리는 아빠를 잘 알아요"라고 대답했습니다. 확신을 갖게 되더군요. 사람들은 듣기에 좋지 않은 말을 할 겁니다. 그 중에는 사실인 것들도 있고, 아닌 것도 있겠죠. 마지막에 남는 것은 결국 내가 최선을 다했는지 여부입니다."

정부에서 일하는 리더는 우리를 위해 일한다. 시민을 위해서 일하는 것이다. 시민들은 자신이 지지할 리더의 세부적인 사항에 대해 알 권리가 있다. 그리고 선출된 리더에 의해 임명되는 리더들에 대해서도 마찬가지로 알 권리가 있다. 이런 감시는 리더들에게 불편하게 여겨질 수 있다. 그러나 미치 대니얼스의 비서실장 얼 구드가 잘 표현했듯이, "윤리적으로, 정직하고, 바르게 일을 했다면 숨길 일도 없습니다."

반대로 자신의 치부를 들춰서 유권자들에게 보여준다면 당연히 높은 수준의 감시를 받게 될 것이다. 정직하고, 윤리적으로, 바르게 일을 처리한다면 감시의 유형이나 수준은 매우 다를 것이다. 공공부문 리더들의 99퍼센트가 여기에 해당된다.

물론 정보공개법Freedom of Information Act이 존재해서 공직자의 이메일과 우편물은 공식적인 기록으로 남게 된다. 정부 구성원은 언론과 야당의 감시를 피해갈 수 없다. 내가 콜로라도 주지사의 고문 역할을 했던 1년 동안 직원들 간에 비밀유지가 대화의 주제로 오른 경우는 불과 두세 번 뿐이었다. 나와 대화를 나눈 정부의 리더들은 대부분 이런 현실이 별로 문제가 되지 않는다고 했다. 얼 구드에 의하면 대니얼스 주지사의 내각 두 사람이 각각 부적절한 행동을 했다고 한다. 언론이 이런 사실을 알게 된 것은 두 사람이 해고 된 다음이었다.

테네시 주의 행정부장관 마크 엠케스는 정부에서 일하게 되면서 자신의 수입원을 모두 공개해야 했다. 하지만 얼마를 벌었는지 구체적인 액수는 밝히지 않아도 되었다. 이런 사실이 왜 그에게 중요할까? "아이들은 제가 돈이 많지 않은 줄 알거든요. 그 상태를 유지하고 싶네요." 옳거니!

크리스틴 러셀은 그녀만의 리더십 스타일로 팀원과의 신뢰를 쌓았다.

"전 숨길게 없습니다. 그리고 굉장히 직설적입니다. 가끔씩은 욕설도 내뱉습니다. 머릿속에 떠오르는 생각들을 그대로 쏟아내니까요. 굳이 그런 제 모습을 바꾸려고 하지 않았습니다. 이런 화끈한 성격 때문에 언젠가 한번 호되게 당할지도 모르지만, 그것이 제 모습이고 제 브랜드입니다. 따라서 개인적으로 약간의 손해를 보더라도 이 성격을 고치지는 않을 겁니다. 앞으로도 솔직하고 실리적인 대화방식을 택할 것입니다. 이따금씩 곱지 않은 말을 해야 한다고 해도 어쩔 수 없습니다."

러셀은 감시라는 주제에 대해 별로 개의치 않는 듯하다.

유능한 리더에게 투명성은 문제가 아니다. 오히려 업무 내용을 공개하면 정부에서 진행하는 일에 대해 사람들을 이해시키는 가속장치의 역할을 할 수 있다.

인디애나 주의 미치 대니얼스와 일리노이 주의 케닐워스의 프레드 슈타인그래버는 주정부의 성과에 대한 감시를 자진해서 요청했다. 이들은 가능한 한 많은 정보를 공개하기 위해 소식지, 언론보도, 인터넷 등을 활용한다. CPA/MBA 경력의 주지사 릭 스나이더는 정부의 목표와 결과를 모든 사람이 볼 수 있도록 공개적으로 게시한다. 생각만 해도 대단하지 않은가.

맞다. 당신을 내켜하지 않는 이해집단이 있을 수 있다. 가끔씩 당신을 괴롭히는 기자가 있을 수 있다. 어떤 지위에 종사하느냐에 따라 사적인 재산을 공개해야 할 수도 있다. 그러나 대통령이 되는 것이 아닌 이상, 정부 리더로서 실제로 느끼는 감시와 주변의 지나친 참견은 미미하다고 볼 수 있다. 오히려 요즘은 공공기업 최고경영자들이 더 많은 감시를 받고 있는 듯하다.

유능한 리더들의 마음속에는 이 세 가지 장애물이 진짜로 존재한다. 민간부문의 유능한 리더들은 정부에서 성공할 수 있을지에 대해, 치러야할 대가에 대해, 비밀유지에 대해 걱정한다. 그러나 먼저 정부에 뛰어든 리더들에 따르면 이러한 장애물들은 일단 부딪히고 나면 충분히 극복할 수 있는 문제들이라고 한다.

나는 유능한 리더가 정부에 들어오는 것을 막는 3C(Confidence, Cost, Confidentiality)에 대한 해독제를 발견했다. 바로 선택이다.

정부에서 잘 할 수 있을지에 대한 확신 부족을 떨쳐버리고 본인의 영향력을 최대화하기 위해 주어진 권한을 행사하기로 선택하라. 그리고 발목을 잡는 구조적인 걸림돌을 제거하라. 치러야할 대가를 줄이기 위해 공직에 종사하는 기간을 2년으로 정하라. 그리고 선출직보다는 임명직을 맡아라(선거 과정에 더 많은 시간과 돈이 소요되므로). 그리고 각종 매체는 사람들을 이해시키는 수단으로 활용하라.

이제 알겠는가? 당신이 걱정하는 데에는 그럴만한 이유가 있겠지만 알고 보면 현실은 꼭 그렇지만은 않다. 최고의 리더들에게 어서 이 소식을 전해주고 장애물에 대한 오해를 풀어 주자. 만약 누군가가 조 스칼렛의 오해를 진작 풀어 주었다면, 누군가는 잠깐이라도 정부를 위해 일했을지 모른다. "정부를 제대로 알지 못했습니다. 정부에 대해 그저 잘 모르는 것입니다. 10년 전쯤이나 정부에서 요청이 있어 마음껏 생각해볼 기회가 있었다면 달랐겠지요. 누군가가 "스칼렛, 정부에서 일하는 것에 대해 관심이 있는 분들을 위한 워크샵을 엽니다. 한번 참여해 보시겠습니까?"라고 물었다면 "그렇게 하겠습니다"라고 대답했을 겁니다."

장애물을 제거하고 조 스칼렛 같은 유능한 리더들이 정부에서 더 많이 일을 시작할 수 있도록 하자. 우리의 삶의 질이 점점 나아지기를 간절히 바란다면, 이를 이룰 수 있는 방법을 찾을 수 있을 것이다.

아직 나와 함께하고 있는가? 그렇다면 이렇게 생각하고 있을지 모르겠다. "정부에서 일할 때 예상되는 단점들이 생각만큼 나쁘지 않다고 하셨습니다. 그렇다면 정부에서 일할 때의 이점은 무엇입니까?" 이 질문에 대한 답을 듣고 싶다면 다음 장으로 넘어가라. 다음 장에서는 정부에서 일할 때의 이점에 대해서 현실적으로 알아볼 것이다.

리더정치에 대한 논의

1. 당신이 정부조직에서 일하는 것을 가로막는 장애물은 무엇인가?
2. 행정을 잘 알도록 하기 위해 유능한 리더들을 어떻게 교육할 수 있을까? 어떻게 하면 유능한 리더들에게 정부에서 잘 해낼 수 있다는 확신을 심어줄 수 있을까?
3. 어떻게 하면 유능한 리더들이 정부의 선출직 혹은 임명직 리더로 일하면서 치르게 될 대가를 줄일 수 있을까?
4. 유권자 혹은 미디어 소비자로서 우리는 종종 후보들이 불편하고 비효율적인 선거 과정(센세이셔널리즘, 과장된 토론, 사운드 바이트, 잔혹한 평판 등)을 경험하는 것을 목격한다. 이런 과정들이 유능한 리더들을 얼마나 공직에서 멀어지게 할까? 리더를 선발하는 과정을 어떻게 개선할 수 있을까? 어떻게 하면 좀 더 실질적이고 덜 우스꽝스러운 리더 선발 과정을 구축할 수 있을까?

5

정부에 당신을 위한 무엇이 있는가?

> 가장 즐거운 활동들은 결코 자연스럽지 않다.
> 그것들은 사람들이 처음에는 하기 싫어하는 노력을 요구한다.
> —미하이 칙센트미하이 Mihaly Csikszentimihalyi
> 〈몰입 *Flow: The Psychology of Optimal Experience*〉

정부에서 일한다는 것은 실제로 어떠한가? 그것은 훌륭한 경험인가? 아니면 대개 형편없는 경험인가? 나는 그것에 대해 알지 못했다. 그래서 정부에서 일하는 사람들에게 물어 보았다. 결과는 정말 놀라웠다.

가설1. 공직은 그저 고통스러울 뿐이다.
가설2. 공직은 가치 있는 일이다.
가설3. 공직은 가장 훌륭한 리더십 경험이다.

나는 가설3을 지지하는 증거를 발견할 수 있었다. 내가 대화를 나누고 함께 일을 한 대부분의 리더들은 자신들이 정부에서 보낸 시간에 대해 훌륭한 리더십 경험이라고 이야기했다. 내가 이들 리더들에게 정부에서 보낸 시간들이 어떠했는지 물었을 때 가장 흔하게 돌아온 대답이 있었다. "정부에서 리더십을 발휘한 시간은 내 인생에서 가장 보람 찬 순간이었지." 와우. 이는 내가 당초 이 문제에 대해 의문을 제기했을 때 결코 예상하지 못했던 결과였다.

이 문제에 대해 수천 명의 사람들을 대상으로 정식 설문조사를 시행하지는 않았다. 따라서 내가 조사한 결과가 민간부문에서 공공부문으로 옮겨간 리더들 전체의 경험에 어느 정도로 부합하는지는 알 수 없다. 대학이나 객관적인 싱크탱크들에게 이 책에서 제시하고 있는 결과를 테스트하기 위한 대규모의 리서치 프로젝트를 권고하는 바이다. 더 많은 분야 및 다양한 지역적, 국가적 수준을 포함하는 폭넓은 샘플을 대상으로 조사한 결과가 어떠한지 볼 수 있다면 좋을 것이다.

내가 사용한 방법은 내가 알고 있는 사람들 중에서 정부 조직으로 분야를 옮긴 몇 안 되는 사람들과 이야기를 나누는 것이었다. 나는 단순히 그들이 공공부문에서 일하게 되면서 느낀 것이나 얻은 것이 무엇인지, 그리고 그것들이 얼마나 좋았는지에 대해 그들에게 직접 물어보았다.

리더들이 정부에서 보내는 시간들을 정말로 즐기고 있다는 이야기를 계속 듣게 되자 내 머릿속에서는 "왜?"라는 다음 질문이 이어졌다. 이들은 민간부문의 최고 자리에서 놀라운 커리어를 지니고 있는 사람들이었다. 그들은 자신들의 재능을 활용해 기업을 성공적으로 이끌었다. 고객을 기쁘게 하고 직원들에게 일자리를 제공했으며 자신들의 투자에 대해서 눈부신 보상을 얻기도 했다. 그런데 그들은 왜 정부에서의 리더십 경험에 열광하는 것인가?

정부에서 일한다는 것의 어떤 점이 그렇게 좋았던 것일까?

이 질문에 대한 답을 얻기 위해 나는 아직 공공부문에 뛰어들지 않은 리더들, 이미 공공부문으로 전환한 리더들, 직업 만족 분야의 세계적인 전문가들 이렇게 세 개의 그룹에 대한 상담을 실시했다.

내가 누들스 앤 컴퍼니Noodles & Company의 설립자인 아론 케네디와 공직을 맡는 것에 대해 대화를 나누고 있었을 때, 그는 민간부문에서 성공한 리더들의 채워지지 않는 욕구에 대해 이야기했다.

"나는 뭔가 지금 다른 일을 하고 있어야 한다는 느낌을 받곤 했어요. 하지만 그게 무엇인지 찾지 못했죠. 아마도 나와 같은 사람이 많지 않을까 생각합니다. 우리는 리더십을 유용하게 활용할 수 있는 그 무엇, 힘들지만 가치 있는 일을 원해요."

아론이 욕구에 대해 이야기했을 때 내 머릿속에는 '몰입flow'이라는 개념이 떠올랐다. 몰입이란 직업 만족에 있어 다다를 수 있는 최고의 경지를 의미한다. 정말 힘들지만 가치 있는 일에 직면해 당신이 가진 기술이나 재능을 최대로 발휘하고 있을 때 일이 너무 재미있어 자신마저도 잊어버리게 되는 상황이 어떤 것인지 알지 않는가? 그것이 몰입이다.

몰입이란 판매 사원이 큰 거래를 성사시키기 위한 과정에 놓여 있을 때 발생한다. 똑똑한 소프트웨어 개발자가 눈앞에 주어진 일에 완전히 몰두하여 블록버스터 프로그램을 암호화하고 있을 때나 리더가 리더십의 3A를 적용하는 과정에서 주요 요소들을 발견하고 흥미를 느끼게 될 때에도 몰입이 나타난다.

몰입은 '긍정의 심리학'의 영역이다. 이 분야의 시초이자 몰입에 있어 선도적인 역할을 담당하고 있는 전문가로 꼽을 수 있는 사람은 미하이 칙센트미하이다. 그는 자신을 마이크$_{Mike}$라 부르라고 한다. 마이크는 자신의 베스트셀러 저서인 〈몰입, 미치도록 행복한 나를 만난다 *Flow: The Psychology of Optimal Experience*〉에서 몰입$_{flow}$이라는 용어를 만들어냈다. 그는 로스앤젤레스 근처에 소재한 클레어몬트 대학원 Claremont Graduate School의 피터 드러커 앤 마사토시 이토 경영 대학원 교수이다. 클레어몬트 대학원은 내가 박사학위를 취득한 곳이기도 하다. 나는 그에게 전화를 걸었고 그는 흔쾌히 전화를 받아 주었다. 나는 이 주제에 관해 그의 의견을 청해 듣고 싶고 내가 리더들로부터 들은 답변 결과에 대해 이해할 수 있게 도움을 달라고 요청했다.

"민간부문의 리더들이 정부에서 리더십을 발휘한 시간들에 대해 열광하는 이유를 당신의 '몰입' 개념을 통해 설명해주실 수 있나요?"

라고 나는 물었다.

"우리 문화는 여러 가지 면에서 점점 더 전문화되고 관료주의적으로 변해가고 있지요. 좀 더 전문화된 직업의 요구에 따라 우리가 누구인지도 제약을 받고 있고요. 표현할 수 있는 우리의 모습이나 평균적인 일에 있어 사용할 수 있는 우리의 능력들은 우리를 구성하고 있는 모습이나 우리가 달성할 수 있는 것들 중 겨우 작은 부분에 불과하죠. 한편 사람은 누구나 자신이 가진 강점을 발휘할 때마다 기쁨을 느낍니다. 자신들의 분야에서 성공을 거둔 사람들은 이제 그들이 가진 에너지의 일부를 전환할 수 있어요. 그들은 자신들의 성장 가능성이나 몰입을 경험할 수 있는 분야를 확장시키기 위한 길을 모색하고 있습니다. 그들은 자신들이 공헌할 수 있는 일이 있다고 느끼고 자신들이 가진 강점들 중에서 미처 발휘되지 않은 것들을 표현할 수 있는 기회를 원해요." 그가 대답했다.

그것은 이해가 된다. 훌륭한 리더들은 이끄는 것을 좋아한다! 일상적인 일이 되어버린 회사의 비지니스에 매달리는 것은 몰입을 경험할 수 있는 기회를 많이 제공해주지 않는다. 은퇴를 해도 마찬가지다. 왜냐하면 몰입이란 '사람들이 어떤 활동에 굉장히 몰두해 있어서 다른 일은 어떤 것도 문제되지 않는 것처럼 보이는 상태이며 또한 경험 자체로 굉장히 흥미로워서 비용이 많이 들고 그에 따른 보상이 별로 없더라도 하게 되는 상태'이기 때문이다. 이러한 몰입 상태를 이끌어내는 활동에는 두 가지 특징이 있다. 첫째, 기존에 갖고 있던 재능의 활용 및 새로운 기술의 학습을 필요로 하는 기회를 제공하며, 당신에게 더 높은 수준의 업무 수행을 요구한다. 둘째, 분명한 목표와 피드백 시스템을 갖추고 있어 스스로의 업무 수행능력의 재확인이 가능하다.

　민간부문에서 최고 수준의 성공을 거둔 바 있는 아론 케네디 및 다른 리더들은 다음 차례의 최적 경험을 찾고 있다. 몰입을 가능하게 해주는 다음 단계의 기회를 찾고 있는 것이다. 정부에서의 리더십 발휘? 그것은 새롭고 다양한 기회를 제공한다. 그것은 리더들에게 재능을 활용하고 새롭고 다양한 기술을 배우도록 요구한다.

도전과 학습

　크리스틴 러셀은 포춘지 선정 500대 기업 중 하나인 또 다른 기업의 정보관리 최고책임자 자리를 놓고 고심하고 있었다. 그녀에게 제안된 조건은 그녀의 전체 커리어를 통 털어 최고 수준에 달하는 정도였다. 하지만 그녀는 그 자리를 거절했다.

　대신 그녀는 기술 관리 및 정보관리 최고책임자로 기업 연봉 수준의 6분의 1에 해당하는 급여를 제공하는 콜로라도 주를 택했다. 물론 마지막 장에서 서술하겠지만 그녀 역시 처음에는 망설였다. 그녀는 자신에게 정부에서 일하기에 적합한 능력을 가지고 있다고 생각하지 않았다. 처음에 그녀의 남편은 그녀가 정부에서 일하는 것을 원치 않았다. 그리고 그녀는 기술 산업의 최고 경영자로서 거두어들일 수 있는 최고 수준의 연봉을 받고 있는 상태여서 '소득' 차이에 대한 생각을 떨쳐버릴 수가 없었다.

그녀가 최종적으로 정부에서 일하겠다고 결심했을 때에는 많은 이유가 있었다. 하지만 크리스틴에 따르면 가장 중요한 이유는 다음과 같았다.

"변화 및 도전에 대한 준비가 되어 있는 상태였기 때문이죠. 저는 오라클과 같은 훌륭한 기업에서 리더십을 발휘해온 경험이 있었어요. 즉 리더십에 관한 모험을 할 준비가 되어 있었죠. 유용할 지도 모르는 일에서 나 자신의 리더십 재능을 테스트해보고 싶었어요."

존 히켄루퍼 주지사는 크리스틴에게서 이러한 열정을 확인했다. 주지사와 함께 그의 내각에서 일하는 것에 대한 인터뷰를 진행하게 되었을 때 크리스틴은 직업적인 예의나 호기심이 없는 상태에서 그와 만났다. 그 때 그녀에게는 그 일을 수락할 의사가 없었다.

미팅이 시작되자 주지사와 몇몇 내각 구성원들은 그녀에게 인생의 의미가 무엇인지 질문하기 시작했다. 그녀에게 있어 훌륭한 삶을 이끄는 가장 중요한 요소는 무엇인가? 그녀에게 직업적으로 가장 중요한 요소는 무엇인가? 그녀가 자신은 그저 리더십 재능을 유용하게 활용하고 싶다고 말하자 주지사는 테이블에서 몸을 일으키더니 책장으로 다가가 두꺼운 시집을 꺼내 들었다. 〈쓸모 있는 사람이 되어 *To Be of Use*〉. "여기 시가 있습니다. 제가 이걸 읽어드려도 될까요?" 크리스틴은 당황했다. 그녀는 그날 두 번의 '네'라는 대답을 했는데, 그것이 첫 번째 '네'에 해당하는 것이었다. 시 낭독이 끝나자 무언가 크리스틴을 자극하는 것이 있었다. 그리고 주지사가 수락 여부를 묻자 그녀는 또다시 '네'라는 대답을 했던 것이다.

　주지사가 크리스틴 러셀에게 자신의 내각에서 리더십을 발휘해달라고 설득하기 위해 시를 활용했다는 말을 들었을 때, 나는 믿을 수 없어 코를 찡긋했다. "그녀에게 시를 읽어주었다고요?" 나는 주지사에게 물었다. 그러자 그는 책장으로 다가가 또다시 시집을 꺼내어 간단하면서도 꾸미지 않은 어조로 시를 다시 한 번 낭독하였다.

〈쓸모 있는 사람이 되어〉
내가 가장 사랑하는 사람들은
일 속으로 머리부터 처박고
여울에서 꾸물거리지 않으며
확실한 자세로 거의 보이지 않게 헤엄쳐 나간다.
그들은 바다를 구성하고 있는 본래적 요소인
바다표범의 윤기 나는 검은 머리처럼
반쯤 잠긴 공이 되어 넘실거린다.
나는 사랑한다.
무거운 수레에 매인 황소처럼 자기 자신에게 마구를 채우는 사람,
엄중한 인내심으로 물소처럼 이끌어가는 사람,
일을 진전시키기 위해 진흙투성이 속에서 발버둥치는 사람,
되어져야 할 일을 반복적으로 하는 사람을.
나는 함께 있고 싶다. 일 속에 빠져드는 사람,

수확의 들판에 뛰어들어
줄을 지어 일하고 포대를 전달하는 사람,
말뿐인 장교나 들판의 탈영병은 아니지만
음식이 들어와야 할 때나 불이 꺼져야 할 때
공통의 리듬에 맞춰 움직이는 사람과.

세상의 일은 진흙과도 같다.
망치면 손을 더럽히고 가루처럼 부서진다.
하지만 잘 되어야 할 가치가 있는 일은
깨끗하고 분명한 형상을 가진다.
와인이나 기름을 담던 그리스의 항아리와
곡식을 보관하던 호피족의 화병은
박물관에 보관되어 있지만
그것들이 사용되기 위해 만들어졌다는 사실을
당신은 알고 있다.
항아리는 물을 옮기기 위해 울고
사람은 현실을 위해 운다.
—마지 피어시 Marge Piercy

나는 소름이 돋았다. 강력한 메시지라는 생각이 들었다. 이 메시지가 민간부문에서 성공한 수많은 리더들에게 반향을 불러일으킬 것이라고 확신한다. 줄 것이 더 많이 남아 있고 그것을 나누어주기 위한 길을 찾고 있는 사람에게 말이다.

"그 시가 세상에 공헌할 것이 아직 많이 남아 있다고 느끼는 리더들에게 어떻게 들릴지 알 수 있을 것 같군요" 나는 주지사에게 말했다. 하지만 나는 그 시가 나에게도 어떤 자극을 주었다는 사실은 말하지 않았다. 그리고 그 순간 나는 공공부문에서 일할 수 있는 역량을 발휘해야겠다고 스스로 조용히 다짐했다.

크리스틴은 나에게 이렇게 이야기했다. "그 순간 그가 내가 가지고 있던 진정한 욕구를 건드렸던 거죠. 의미 있는 일을 하겠다는 욕구요." 히켄루퍼 주지사는 크리스틴이 갖고 있던 애국심에 호소를 한 것이다. 그러나 그는 애국심의 발로를 통해 그녀가 일을 수락하도록 한 것이 아니다. 그는 크리스틴이 일을 수락할 경우 그 안에서 흥미롭고 가치 있는 무언가를 찾게 될 것이라는 사실을 알고 있었다. 그것은 바로 그녀가 자신의 리더십 재능을 활용하고 증진시킬 기회를 갖게 될 것이라는 사실이었다.

"솔직히 말하면 저는 제 일에 조금씩 지겨움을 느끼고 있는 중이었어요. 정부에서 일하게 된다는 것은 분명 새로운 도전이면서도 흥미롭고 다소 신비스러운 커리어의 새 장을 여는 기회가 될 게 분명하다 싶었어요."

그녀는 새로운 역할을 맡게 된 이후 한 번이라도 후회한 적이 있을까? 나는 그녀가 공공부문에서 새로운 일을 하게 된 지 1년이 지나고 나서 그녀를 찾았다.

"후회요? 그런 건 없어요!" 그녀는 말했다. "이건 제가 꿈꿔왔던 것만큼이나 훌륭한 경험이에요. 어쩌면 제가 꿈꿔온 것 이상일지도 몰라요. 주지사님이 저를 속인 게 아니었어요."

그녀는 민간부문에서 습득한 최고의 리더십 및 경영 관행을 공공부문에서 실천하는 데 최상의 즐거움을 누리고 있었다.

"저는 조직적인 디자인이나 전략 개발, 실행에 관한 리더십 아이디어를 사랑해요. 그것들은 공공부문에서는 완전 외국적인 개념과도 같죠." 그녀는 덧붙인다.

"그것들이 바로 제가 민간부문의 비밀스러운 소스라고 생각하는 요소들이에요. 제가 어떤 차이를 만들어낼 수 있다는 사실은 저에게 엄청나게 가치 있는 사실이에요. 그리고 저도 아주 많이 배울 수 있고요. 사실 저는 그것들이 무엇을 말하고 있는지 알지 못했어요. 정부가 일하는 방식도 알지 못했고요. 하지만 그러한 엄청난 도전들을 통해 많은 것들을 배우면서 항상 열정적으로 사로잡혀 있어요. 빈센트 반 고흐가 이런 말을 했죠. '나는 찾고 있다. 나는 굶주려 있다. 나는 온 마음을 다해 전념하고 있다.' 이 표현이야말로 저의 커리어에 있어 새로운 장이라고 할 수 있는 '정부의 장'에 대한 저의 느낌을 보여주는 것이에요."

크리스틴이 그녀의 기존 업무에 대해 매너리즘을 느꼈다는 사실은 나를 놀라게 했다. 특히 그녀의 엄청난 리더십 역량을 생각해볼 때 그러했다. 하지만 그것은 곧 아론 케네디가 이야기한 것과 같은 것이었다. 그는 버크만Birkman의 성격 평가 결과 자신의 '도전에 대한 욕구' 부문 점수가 높게 나왔다고 말했다. "도전에 있어 높은 점수를 받는 사람들은 자신들을 괴롭히는 난관을 극복해낸 후의 만족감 때문에 커다란 도전을 받아들이죠. 가령 '와우, 그건 정말 엄청난 일이었어. 그걸 헤쳐나갈 수 있는 사람은 많지 않을 거야'와 같은 생각을 하는 거죠. 이런 기분이 도전 욕구가 높은 사람들에게는 굉장한 만족감을 주죠. 그리고 이미 비즈니스 세계에서 그런 만족감을 느껴본 사람에게 새로운 자극을 만들어내는 것은 쉬운 일이 아니죠. 정부에서 일을 한다는 것은 거대하고도 새로운 도전이 될 수 있어요. 얼마나 많은 CEO들이 높은 점수를 받을지는 모르지만 아마도 굉장히 많을 것이라고 자신할 수 있어요."

테네시주의 CFO(재무담당최고책임자)인 마크 엠케스는 그의 직업 전환이 도전이자 교육의 기회가 되었다고 말했다. 기억하라. 마크는 브리지스톤 북미지역의 전 CEO다. 그는 나에게 이렇게 말했다. "일을 시작하기 전에 나에겐 주정부나 연방정부에 대한 정보가 전혀 없었어요. 브리지스톤에서는 바닥에서부터 시작해 최고의 자리까지 승진해 올라갔었죠. 최고의 자리에 오르게 되자 비즈니스에 대해 거의 모든 것을 알게 되었어요. 주 정부에서 높은 직책을 맡게 되면 가파른 학습 곡선에 직면하게 되죠. 그것은 정말 흥미롭고도 굉장히 교육적이었어요. 나는 CEO일 때보다 지금 훨씬 더 열심히 일하고 있어요!"

〈몰입〉에서 칙센트미하이 교수는 다음과 같이 쓰고 있다. "우리가 대개 믿고 있는 바와 달리 … 우리 생애에 있어 최고의 순간은 수동적, 수용적, 혹은 편안한 순간이 아니다. 우리가 그런 순간을 위해 열심히 일했다면 물론 그런 경험도 즐거울 수는 있을 것이지만 말이다. 대개 최고의 순간은 무언가 어렵고 가치 있는 것을 성취하기 위해 자발적으로 심신을 최대한 긴장시켜 최고의 기술을 발휘할 때이다."

그렇다. 대부분 최고의 순간은 무언가 어렵고 가치 있는 것을 성취하기 위해 자발적으로 심신을 최대한 긴장시켜 최고의 기술을 발휘하고 있을 때이다.

정부 리더십이 바로 도전이고 가치 있는 일 그 자체이기 때문이다. 미시건주의 주지사 릭 스나이더Rick Snyder는 이렇게 말했다.

"가장 도전적이고 가장 보상이 뒤따른다는 점에서 정부 리더십은 최고의 리더십 모델입니다. 그것은 일생에서 기억할만한 최고의 경험이죠."

이쯤에서 부모가 되는 것과 같은 것이 아닐까 하는 생각이 든다. 부모가 된다는 것은 항상 기쁜 여정인가? 아니다. 몇 주 전 나와 아내는 아이들과 함께 조용한 저녁 식사를 해야겠다고 생각하고 있었다. 갑자기 여섯 살짜리 아들이 테이블 밑에 숨겨 두었던 플라스틱 야구 방망이를 꺼내 들었다. 아들은 방망이를 테이블 건너편에 있던 네 살짜리 딸아이에게 던졌고 그것이 딸아이의 입에 맞았다. 피. 울음소리. 혼란이 엄습했다. 하지만 그날 저녁 우리는 다 함께 둘러 앉아 디저트를 앞에 두고 게임을 즐기며 웃고 있었다. 매일의 도전과 어려움 때문에 부모가 되는 것이 가치 없는 일이라고 말할 수 있겠는가? 아니다. 부모가 된다는 것은 정말 의미 있는 일이다. (나에게는 그렇다. 하지만 다르게 생각하는 사람들의 의견도 존중한다.) 그리고 도전이란 아마도 부모가 된다는 것처럼 만족스럽게 만들어주는 요소들의 일부분일 것이다.

주지사 미치 대니얼스의 말이 이를 가장 잘 표현해주는 것이 아닐까 생각된다. 나는 그에게 정부에서 일하는 것이 고통스러운 것인지, 가치 있는 것인지 아니면 훌륭한 리더십의 경험인지를 물어보았다. 그의 대답은 다음과 같았다.

"흠, 그 모든 것이 해당된다고 해야겠군요. 가끔은 그 모든 것들이 하루에 일어나기도 하죠! 하지만 그것은 굉장한 특권이에요."

나는 그에게 주지사로서의 리더십 경험이 다른 분야에서의 리더십 경험들과 비교했을 때 순위 상 몇 위 정도에 해당하는지 질문했다. 그는 내가 원했던 대답 즉 주지사가 최고라는 대답을 하지는 않았다. 하지만 주지사로서 일한 시간이 그에게 가장 만족감을 주었던 시간인 일라이릴리 북미 사업부장으로 일했던 때의 경험에 필적한다고 답했다.

주지사 잭 마켈은 다른 분야에서 일할 때의 경험에 비했을 때 주지사로 일하는 것이 "도전의 측면에서는 최고다. 다른 어떤 분야에서의 리더십 경험도 이보다 더한 보상을 주진 못했다고 말할 수 있겠다"라고 했다.

당신의 개인적인 삶에 있어 결혼이나 아이를 갖는 것이 최고의 경험이 될 수 있는 것처럼 정부에서 공직을 수행하는 것은 당신의 직업적인 삶에 있어 최고의 경험이 될 수 있다.

의미 있고 가치 있는 목표

주지사 미치 대니얼스의 책상 위에는 그가 속한 주의 목표에 대한 성과를 한 눈에 볼 수 있게 해주는 특별한 것이 놓여 있다. "제 책상 위에는 최소 25개 핵심부서와 기관들의 성과를 보여주는 계기판이 놓여 있어요." 그는 나에게 이에 대한 설명을 해주었다. "공공 서비스 향상과 관련해서 재능 있는 사람들이 달성한 것을 확인하는 것은 굉장히 만족스러운 일이죠. 그리고 우리가 매일같이 확인하고 있기 때문에 허위 보고는 절대 할 수 없어요."

이는 흥미로운 사실이었다. 왜냐하면 최고의 리더들이 정부에서 일하는 것을 꺼려하는 장애 요소로 꼽는 사실과 상반되는 내용이었기 때문이다. 많은 사람들은 자신들이 정부에서 뭔가 다른 것을 만들어 낼 수 있을 것이라는 사실에 자신이 없다. 그들은 관료주의의 특성상 정부 내에서 차이를 만들어내는 것이 불가능할 것이라고 우려한다. 하지만 불가능한 것이 아니다. 미치 대니얼스는 성공 계기판을 통해 굉장한 성취감을 느낀다. 그에 따르면 정부에서 일하고 있는 훌륭한 민간부문의 리더들은 자신들의 리더십 경험을 활용해 차이를 만들어 내고 사회를 위해 삶의 질을 향상시킬 수 있다고 했다.

대니얼스 주지사는 그가 세 번째 커리어로서 정부에서 일하는 것을 택하게 된 이유가 무엇이었는지에 대해 다음과 같이 회상한다.

"사람들이 '정말로 주지사 선거에 출마할 생각인가?'에 대해 질문했을 때 내 답 중에는 '문제될 만큼 거대한 일이고 행정부의 중역'이라는 것도 포함되어 있었어요. 그런 일을 하게 된다는 것은 부패를 제거할 수 있는 기회를 뜻하는 것이기도 했죠. 실제로 일이 잘 돌아가게 할 수도 있는 거고요." 그리고 그는 거창하게 말했다.

"우리 주민들이나 언론에서는 우리 주가 상당한 발전이 있다는 것을 전부 알아채지 못할지도 몰라요. 하지만 나는 알고 있어요. 그리고 그러한 성과를 만들어낸 사람들도 잘 알고 있죠. 민간부문에서 공공부문으로 전환해온 사람들 대부분은 자신들이 해낸 것에 대해 기쁘게 생각할 것이라고 생각해요. 그 이유에 대해선 그들이 이야기해줄 수 있을 겁니다. 나는 정말로 행복해요."

이 이야기를 듣자 칙센트미하이 교수가 리코Rico에 대해 이야기했던 것이 생각났다. 리코는 하루에 같은 일을 6백번 해야 하는 업무를 5년간 담당해 오면서도 여전히 자신의 일에 행복을 느끼고 있는 공장 노동자였다. 그는 업무 속도를 높이기 위해 매일의 목표를 수립하는 방식으로 행복을 성취했다. 가끔씩 보너스를 통해 보상을 받으면서도 그는 다른 사람들에게 자신이 얻은 행복감을 떠벌이지 않았다. "최고의 업무 성과를 내면서 일하고 있을 때에는 그 경험이 너무나도 매혹적이어서 속도를 늦추는 것이 오히려 고통스러웠기 때문이죠."

"우리가 목표를 정하고 최선을 다해 우리 자신을 투자하고 있을 때는 우리가 하고 있는 모든 일이 즐겁게 느껴진다"고 칙센트미하이 교수는 쓰고 있다. "그리고 우리가 그러한 즐거움을 한 번이라도 맛보게 된다면 또다시 그 즐거움을 맛보기 위해 노력을 배가시킨다. 이것이 바로 스스로 성장하는 방법이다. 몰입이 중요한 것은 현재 상태를 더욱 즐겁게 만들어주고 우리가 기술을 발전시키고 인류에 중요한 공헌을 할 수 있게 해주는 자신감을 만들어주기 때문이다."

시장이 되기 전 프레드 슈타인그래버는 일리노이주 케닐워스 시에서 지속적인 예산을 수립하고 집행하기 위한 위원회를 이끌고 있었다. 나는 그를 블루리본 전략연구위원회를 이끄는 분석가라고 제2장에서 묘사한 바 있다.

시민들은 프레드에게 위원장 일을 맡아달라고 부탁했다. 처음 한동안 프레드는 계속 거절을 했다. 하지만 결국 그는 마음을 바꿨다. 나는 그에게 마지막에 방향을 전환하게 된 이유가 무엇인지 물었다.

"저는 스스로에게 자문했죠. 망할, 골격이 어떻게 생겼는지 다 알고 있잖아. 문제가 뭔지도 알고 있고. 그것들에 대처할 방법마저도 다 알고 있잖아. 그리고 나는 40년간 몸담아 온 앤드류 토마스 커니 Andrew Thomas Kearney의 컨설팅 철학을 떠올렸죠. 바로 '스스로 수행할 준비가 되어있지 않은 일에 대해서는 조언하지 않는다. 내가 이러한 조언을 하고 그것이 옳다고 생각한다면 그것들이 실제로 시행될 수 있도록 하는데 시간을 투자해야만 한다'는 것을 말이죠."

그리고 그것이 바로 그가 한 일이었다. 그렇다면 그는 정부에서의 일에 대해 어떤 느낌을 갖게 되었을까? 그것은 고통스러운 일인가, 가치 있는 일인가, 아니면 리더십 모험인가?

"저는 정말 즐겁게 일하고 있어요. 아이디어들이 실행으로 옮겨지고 나면 나는 그것들로부터 희열을 느껴요. 시민들은 제가 하고 있는 일에 대해 감사하다고 전화를 하거나 편지를 써서 보내요. 우리가 실용적인 것들을 만들어 제공하는 곳에는 신뢰와 자신감이 존재하고 그 곳은 우리가 만들어낸 결과에 따라 혜택을 입게 되죠."

그가 단지 '즐거움'이라고 얘기했던가? 10억 달러의 수익을 내는 대기업의 CEO출신이 정부에서 일한 시간이 즐거운 시간이라고 말한다. 당신의 리더십 재능을 활용하는 것은 즐거운 일이다. 커다란 도전을 받아들이는 것 자체가 즐거운 일이다. 당신이 시민들로부터 감사의 편지를 받는다는 것은 즐거운 일이다. 쓸모 있는 사람이 된다는 것은 당신의 기분을 좋게 해준다.

물론 정부에서 리더십을 행사하는 일에는 스트레스가 따른다. 크리스틴은 자신이 CIO로 일하면서 직면하게 되는 거대한 도전에 관해 남편에게 좌절감을 털어놓기도 한다고 말했다. "제가 남편에게 '맙소사, 나 정말 스트레스 받아'라고 이야기한 적이 있어요. 남편은 '크리스틴, 당신이 정부를 뜯어고칠 수 있다고 생각해? 당신이 정부를 뜯어고칠 수 없기 때문에 하는 말이야.' 저도 정부를 완전히 뜯어고칠 수는 없다는 사실을 알고 있어요. 하지만 그나마 덜 망가지길 바라는 거죠. 모든 일이 장외홈런을 치는 것처럼 훌륭하게 되지 않는다는 사실을 알고 있죠. 하지만 그래도 괜찮아요. 우리가 하는 일은 기존에 비해 정부가 더 나아지도록 만드는 것이고 발전이 있다는 사실에 보람을 느끼고 자랑스럽게 생각해요."

관계의 다양성

이 장의 제목인 '정부에 당신을 위한 무엇이 있는가'라는 질문과 관련해 정부에서 공직을 수행하면서 얻을 수 있는 것을 한 가지 더 꼽자면 당신이 만날 수 있고 함께 일할 수 있는 사람들이 다양하다는 점을 들 수 있겠다.

히켄루퍼 주지사는 이렇게 말했다.

"비즈니스 과정에서 리더들은 같은 유형의 많은 사람들과 상호작용을 하는 경향이 있지요. 하지만 공직에서 일하다 보면 정말 다양한 범주의 사람들과 상호작용을 하고 관계를 만들고 당신만이 할 수 있는 방법을 동원해 그들을 도울 수 있게 되요. 좀 더 넓은 범위의 커뮤니티의 일원이 되고 사람들의 삶이 나아지도록 하는 데 한 역할을 담당한다는 것은 굉장히 놀라운 기분이에요."

주지사 미치 대니얼스의 비서실장인 얼 구드는 정부에서 일하면서 그가 가장 만족감을 느낀 점은 다양한 관계를 즐길 수 있다는 점에 있다고 말한다.

"매일같이 문제가 있는 누군가로부터 전화나 이메일을 받아요. 도움을 필요로 하는 사람들 중 열에 여덟은 우리가 도움을 줄 수 있는 사람들이에요. 정말 도움이 될 수 있는 거죠."

* * *

한 세대 전만 해도 사람들이 일을 하면서 가장 신경을 썼던 부분은 금전적인 문제였다. 하지만 오늘날 사람들이 신경을 쓰는 부분은 점차 변화하고 있다.

당신도 정부에서 일하는 것에 대해 고민하고 있다면 그것이 당신에게 고통을 가져다줄 뿐이라는 이유로 그 기회를 피하지 말라. 결코 그렇지 않다.

정부에서 일하는 것이 단지 애국심의 발로에 따른 가치 있는 의무일 뿐이며 그로 인해 혜택을 누리는 자는 내가 아니라 다른 사람일 뿐이라는 이유로 그러한 기회를 피하려 한다면 그러지 말라. 단지 그래야 한다고 생각하거나 당신이 민간부문에서 공헌한 가치 이상의 어떤 것을 사회에 빚지고 있다는 생각 때문에 정부에서 봉사하는 것에 대해 고려하고 있다면 그러지 말라.

당신은 누구에게 어떤 것도 빚지고 있지 않다. 당신은 가치 있는 기업을 만들고 시장에 혁신적이고 고품질의 상품을 내놓는 데 있어 공헌을 했다. 당신은 사람들에게 일자리를 제공했다. 그리고 당신은 정부로부터 받은 혜택의 가치를 훨씬 넘어서는 세금을 냈다.

정부에서 일하려면 그것이 당신의 커리어에 있어 가장 만족스러운 리더십 경험을 제공해주는 좋은 기회가 될 것이라고 생각하기 때문이어야 한다. 당신은 그곳에서 다음의 것들을 얻을 수 있다.

· 도전과 학습
· 의미 있고 가치 있는 목표
· 관계의 다양성

이것들이 바로 정부에서 일하면서 당신이 얻을 수 있는 것들이다. 그렇다면 우리 시민들이 얻을 수 있는 것은 무엇인가. 우리는 모든 이들의 삶의 질을 개선시켜줄 더 높은 수준의 업무 수행 능력을 지닌 정부를 얻게 된다.

리더정치가 생겨날 수 있게 하는 방법은 무엇인가? 남아 있는 도전 과제는 유권자로서 우리가 맡은 일을 잘 해내는 방법, 즉 수많은 후보자들 중에서 최고의 리더를 고르기 위해 현명하게 투표하는 방법에 관한 것이다.

리더정치에 대한 논의

1. 일하면서 몰입을 경험한 순간은 언제인가?
2. 정부에서 리더십을 발휘하는 것에 대해 고려하고 있다면 기술 활용, 새로운 기술을 배우는 것, 도전적인 상황에 놓이는 것, 의미 있는 일을 하는 것, 관계를 형성하는 것 중 가장 큰 이유는 무엇인가?
3. 정부에서 공직을 수행하면서 얻을 수 있는 혜택으로 당신이 떠올릴 수 있는 또 다른 것들은 무엇이 있는가?

현명하게 투표하라

사람들에게 강요나 회유를 해서는 안 된다.
그들은 자신들의 리더를 스스로 선택할 수 있어야만 한다.
―앨버트 아인슈타인Albert Einstein

민주주의가 가장 잘 작동하는 때는 유권자들이 훌륭한 후보를 선택할 때이다.

문제는 우리의 선택이 탁월하지 않다는 데 있다. 그리고 우리는 분노를 느낀다. 고장 난 생각의 선택은 "그 사람은 내가 생각했던 사람이 아니었어!"라는 부정적인 결과를 양산해내며 계속적으로 드러난다. 이는 우리가 생각을 바꿀 때가 되었음을 의미한다.

이번 장에서는 우리가 유권자로서 후회하는 이유가 무엇인지에 대해 함께 생각해보자. 나는 우리가 투표를 더 잘 할 수 있도록 도와줄 간단한 체크리스트를 제안하려고 한다. 우선 정부에서 자리를 차지하지 못하도록 우리가 피해야 할 후보자 유형에 대해 생각해보는 것에서부터 시작하자.

"정치적 입지에 따른 권력의 필요성을 점차 강하게 느끼고 자기 자신의 결점에 대해서는 제대로 자각하지 못하는 사람만이 정부 조직에서 출세하는 경향이 보입니다. 불행하게도 우리는 요즘 정부에서 그런 종류의 사람을 점점 더 많이 보게 되는 것 같습니다"라고 아론 케네디는 결론을 내렸다.

오늘날 유권자들은 후보자가 공직에서의 업무 수행을 얼마나 잘 해낼 것인지 와는 관계없는 것들에 기초해서 정부 리더들을 선택한다. 그리고 우리는 흔히 결과적으로 그러한 선택이 틀렸다는 것을 깨닫는다.

이러한 행동은 정치 리더를 선택하는 데에만 국한된 것이 아니다. 나는 모든 유형의 조직에서 리더를 선택하는 데 문제가 있다는 것을 보아 왔다. 나는 한 때 포춘지 선정 500대 기업중 한 기업에서 새로운 CEO를 선정하려고 하는 위원회의 일을 도운 적이 있다. 나는 위원회의 모든 위원들과 인터뷰를 시행하고 그들이 CEO를 선택하는 데 있어 우선순위로 꼽는 것과 바라는 결과가 무엇인지를 확인하여 CEO 스코어 카드를 고안했다. 이 스코어 카드와 많은 인터뷰에 기초하여 나는 정황적인 요구에 정확하게 부합하는 적임자를 골라낼 수 있었다. 이는 해당 후보자와 다섯 시간의 인터뷰를 거친 후에 얻은 결과였다. 그의 리더십 결과는 정말 인상적이었다. 그의 재능과 당시의 특정 상황과의 상관관계가 놀라우리만치 높게 나타났다. 그는 분석능력, 배분능력, 조정능력의 세 분야 모두에서 뛰어난 리더십 자질을 보여주었다.

하지만 위원회에서 뭐라고 이야기했는지 아는가? 그들은 '노(No)'라고 말했고 그들이 그를 고용하고 싶지 않다고 말한 이유는 그가 촌스럽고 세련되지 않게 보여서였다. 위원회 멤버 중 한 사람은 이렇게 말했다.

"TV에서 그의 모습이 어떻게 보일 것 같나요? 그가 애널리스트 커뮤니티에 속해 있다는 것이 얼마나 신빙성 있게 느껴질까요? 게다가 당신도 알겠지만 그 사람은 CEO처럼 보이지 않아요." 그의 헤어스타일에 대한 이야기도 있었다. 나는 좌절감이 쌓여가는 것을 느꼈다. 분노가 치밀어 올라 온 몸으로 퍼져 나갔다. "이 사람은 정말 훌륭한 리더인데 위원회는 그가 CEO처럼 생기지 않았다는 이유로 그를 고용하지 않겠다고? 이건 미친거야" 라고 나는 생각했다.

하지만 결론은 긍정적이었다. 나는 분노를 누그러뜨리고 위원회 앞에서 그들이 이 역할을 위해 만들어낸 스코어 카드를 찬찬히 분석해 나갔다. 우리는 각각의 후보자들이 내보인 결과물들과 경쟁력을 바탕으로 점수를 매겼다. 그들은 이 후보자의 리더십 성과기록이 그들이 중요하다고 내세운 기준들을 실제로 압도한다고 결론 내렸다. 그것은

> 오늘날 유권자들은 후보자가 공직에서의 업무 수행을 얼마나 잘 해낼 것인지와는 관계없는 것들에 기초해서 정부 리더들을 선택한다. 그리고 우리는 흔히 결과적으로 그러한 선택이 틀렸다는 것을 깨닫는다."

마치 그들이 일시적인 미친 상태에서 벗어나 후보자의 패션스타일에 대한 생각을 잠시 접어두고 그가 자신들의 기준에 훌륭하게 맞아 떨어진다는 사실을 깨달은 것과도 같았다. 그들은 그를 고용했다. 그리고 이 새로운 CEO는 그들의 업무 목표를 달성하고 그들에게 성공을 안겨 주었다.

나는 이 같은 함정이 우리가 정부 리더를 고용하기 위한 선거를 할 때 얼마나 영향을 미치는지에 대해 의문을 품게 되었다. 그리고 나는 고용이라는 용어를 사용하는 것이 올바른 선택이라고 생각한다. 우리가 투표를 하든, 임명을 하든, 고용을 하든 우리는 우리를 위해 구체적인 책임감을 가지고 책임에 따라 업무를 수행할 수 있는 사람을 선택하기 위해 그러한 행동을 하는 것이다. 정부도 예외가 아니다. 우리 시민들은 그들에게 급여를 제공하고 있다. 우리가 그들을 고용하고 있는 것이다. 그러니 현명하게 선택하자.

주술 Voodoo 선거

랜디 스트리트와 나는 '주술 고용Voodoo Hiring' 방법에 대해 대화를 나눴다. 주술 고용이란 직감에 너무 많이 의존하고 구조화된 인터뷰를 포함하고 있으며 절차가 절대적으로 문제가 있는 것 등을 의미한다. 투표에 있어서도 우리는 흔히 같은 실수를 저지른다.

유권자로서 우리는 선택을 잘 하지 못한다. 우리는 후보자가 멋진 정장을 입었다거나 머리스타일이 좋다는 이유 때문에 투표를 한다.

혹은 후보자의 이름이 익숙하다는 이유로 투표를 한다는 연구 결과도 있다. 우리는 연설을 잘 하는 후보에게 빠져든다. 우리는 외모를 리더십의 잣대로 사용하기도 한다. 눈앞에 주어진 일과 관련하여 후보에게 실제로 리더십 능력이 있는지를 심각하게 분석적으로 평가하는 일은 거의 등한시 한다.

나는 후보자들 중에서 자신이 얼마나 평범한 사람인지를 강조하는 사람을 본 적이 있다. 그는 비즈니스에서의 자신의 실수에 대해 청중들에게 토로하는 것을 자랑으로 여기는 것처럼 보였다. 그는 자신이 다른 후보와 마찬가지로 훌륭한 성과를 거둔 적이 없으며 힘든 시절을 보냈다는 것을 강조한다.

나는 심리학도로서 그의 행동이 의미하는 바를 물론 알고 있었다. 그것은 오래된 구태 방식이었다.

"저를 뽑아주세요. 저는 당신들과 마찬가지로 아주 평범한 사람입니다. 저는 당신들의 고통을 알고 있습니다. 저는 당신들에게 동질감을 느끼고 당신들은 저에게 동질감을 느낄 수 있어요."

나는 계속 생각했다. 이게 무슨 미친 메시지인가. 청중들에 대한 모욕임은 말할 것도 없다. 어떤 도시가 프로 농구 팀에 평범한 시민을 뽑아 쓰는가? 결코 그렇지 않다. 그건 바보짓이다. 스피커를 통해 아나운서의 음성이 울려 퍼지는 것을 상상해보라. "홈팀, 등 번호 13번, 170센티미터에 90.6킬로그램, 10년 전 고등학교에서 한 학기 동안 JV 농구를 했던 슈팅 가드, 존 스미스!" 정말 우습지 않은가?

하지만 유권자들에게는 그렇지 않은 것처럼 보인다. 이상한 것은

"저는 평범한 사람입니다"라는 메시지를 내세우는 후보는 대체적으로 선거에서 승리한다! 그리고 난 후 그는 우리가 예상했을 법한 평균적인 업무 수행 능력을 계속 펼치며 기존 관료주의자들처럼 우리의 세금을 낭비한다.

나는 선거연령에 이른 평범한 시민들에게 투표권을 부여한다는 생각에 동의한다. 하지만 평균적인 리더십 능력을 가진 사람에게 투표한다는 생각에는 동의하지 않는다. 나는 차라리 우리가 살고 있는 사회 내의 슈퍼스타나 가장 재능 있는 리더들, 혹은 평균적인 시민들 보다는 더 나은 결과물을 가져다줄 수 있는 리더가 선출되길 바란다. 그러한 유능한 리더들이 정부에 들어서게 되면 우리는 같은 급여를 제공하고도 더 나은 결과물을 얻을 수 있다. 우리가 내는 세금에 대해 더 나은 보상을 얻게 된다. 정부 지출에 대한 더 나은 보상을 얻게 되는 것이다.

나는 우리가 '평균적인 사람'을 선출하는 이유가 무엇인지를 찾아야만 했다. 나는 후보들에 대해 이야기하는 전문가들을 지켜보고, 투표에 대한 영향을 조사한 자료를 살펴보며, 연설을 지켜보았다. 내가 알게 된 것은 선거 이후 우리를 영원한 실망감 속으로 밀어 넣는 '주술 선거voodoo voting' 속에서 우리가 헤어 나오지 못하고 있다는 사실이었다.

주술 선거
- 호감 여부를 지나치게 강조한다.

· 대중 연설이나 토론 능력을 지나치게 강조한다.
· 전반적인 삶의 질이나 우리가 살고 있는 커뮤니티를 어려움에 빠뜨리는 실질적인 문제와 관련이 없으면서 감정적으로 여론을 호도하는 문제를 너무 중시한다.
· 후보자의 신체적인 매력을 너무 강조한다.
· '우리의 고통을 공감'하고 우리가 가진 문제들을 단순히 반영할 뿐 어떠한 해결 능력을 보여주지 못하는 후보자에게 설득당하는 경향이 있다.

하지만 토론 능력은 업무 수행 능력을 보여주는 유효한 지표가 되지 못한다. 토론은 업무 수행 능력을 보여주는 것과는 무관한 몇 가지 메커니즘에 의존한다. 나는 대학원 재학 시절 리더십 선택이라는 주제와 관련해 지난 반세기 동안 시행되어 온 수천 개의 연구 결과에 대해 읽어 보았다. 그 과정에서 내가 배운 것은 토론 과정에서 참여자들이 사용하는 방식인 가정적인 질문 방식은 그들이 실제 업무에 직면해서 그것을 어떻게 수행할 것인지에 대한 정확한 지표를 제공해주지 않는다는 것이다. 사람들이 '할 것이다'라고 이야기하는 것들 중 실제로 행하는 것은 거의 없는 것으로 드러난다. 가정적인 질문은 현명한 답안을 지니고 있는 평가자들을 '혹하게' 만들어 버린다. 반면 후보들의 업무 수행 능력을 평가할 수 있는 더 나은 지표로는 그 후보가 자신의 커리어 과정에서 달성한 성과를 확인하는 것이 있다. 해당 후보가 실제로 어떠한 성과를 어떻게 이루었는지에 대한 질문이 업무 수행 능력을 평가하는 데 있어 더 나은 지표가 된다.

주술 선거는 다음과 같은 자멸적인 사이클을 만들어낸다.

(1) 외모가 출중한 후보가 우리들의 고통에 대한 공감을 드러내며 훌륭한 연설을 한다.
(2) 그들이 우리의 문제를 해결해줄 것이라고 믿는다.
(3) 그들은 결국 문제를 해결하지 못하고 우리는 좌절감 및 배신감이 커져가는 것을 느끼고 만다.
(4) 우리는 또다시 외모가 출중하고 연설 능력이 뛰어나며 우리의 고통을 공감해주는 다음 후보에게 기대를 건다.

이러한 사이클이 반복되는 것이다. 그리고 망할 토론 시스템은 이러한 "멋진 헤어스타일과 여유있게 농담을 할 줄 아는 사람이 승리한다"는 식의 공식이 이루어진다. 내가 이 책에서 언급한 바 있는 미치 대니얼스나 잭 마켈, 릭 스나이더, 존 히켄루퍼와 같은 슈퍼스타급 주지사들의 연설 비디오를 살펴보라. 뭔가 신기한 점을 발견할 수 있을 것이다. 그들은 당신이 보아왔던 최고의 대중 연설가들이 아니다. 그들 중에는 심지어 무미건조하고 세련되거나 꾸미지 않은 자신들의 연설 스타일에 대해 농담을 하는 사람도 있다. 그들은 직선적이다. 그들은 연설 방식 뿐 아니라 자신들의 업무 성과로 유명한 사람들이다.

주술 선거는 투표자들이 그릇된 후보자를 선택할 때 나타난다. 주술 고용은 그렇게 잘못 선출된 사람들이 부적합한 관리자들을 임명할 때 나타난다. 주술 고용은 정부에서 최고위급을 임명하거나 최전방 관리자를 임명할 때 등 다양한 층위에서 나타나며 그로 인해 평균적인 혹은 평균 이하의 업무 수행이 넘쳐나게 되는 것이다. 그렇다면 보다 더 나은 리더들을 정부에 앉히기 위해 유권자인 우리는 어떠한 행동의 변화를 모색해야 할 것인가?

더 나은 고용 방법

켄 그리핀Ken Griffin은 세계의 가장 성공적인 투자회사 중 하나인 시타델Citadel의 설립자이자 CEO이다. 그는 우리가 포브스 지에서 흔히 접할 수 있는 소위 '하버드 기숙사에서 사업을 시작'해서 수십억 달러의 수익을 내게 된 자수성가형 기업가이다. 내가 만나본 유능한 인재들 중 대부분이 나에게 "자신들이 만나본 사람 중 켄이 가장 똑똑한 사람이다"라고 말했을 정도라면 켄이 얼마나 똑똑한 사람인지 짐작할 수 있을 것이다. 그래서 선거 형태를 개선하는 방법으로 켄이 제시한 것이 무엇인지를 함께 살펴보려고 한다.

켄은 우리가 주술 선기 사이클을 깨버릴 수 있는 방법을 제시했다. "국가를 대표할 사람을 뽑기 위해서는 그들의 업무 성과 기록에 중점을 두고 연설 능력에 대해서는 집착하지 말아야 한다. 우리는 "과연 이 사람이 리더로서의 성공 여부를 판단하는 데 지표가 될 만한 경험을 한 적이 있는 사람인가?"라는 질문에 집중할 필요가 있다. 그가 보여준 일련의 성공 혹은 실패의 기록은 우리가 판단을 내리는 데 있어 중요한 정보가 된다. 우리는 이런 방식을 통해 후보자에 대해 깊이 생각해보아야 한다."

주지사 잭 마켈은 리더십 재능에 대한 안목이 있다. 그에게 리더를 고용하는 방법에 대해 질문했을 때 그는 다음과 같이 대답했다.

"경제개발부처의 수장은 아마도 델러웨어에서 가장 존경받는 비즈니스 리더였죠. 그는 76개의 약국 체인을 만들었고 그것을 월그린 Walgreen에 팔았어요. 그는 비즈니스의 전반에 대해 통달한 사람이었고 민간부문에서 리더십 자질을 인정받은 사람이었죠.

또한 정부 내에는 오랜 기간 정부에서 근무한 관료들이 있었어요. 내가 이끌었던 팀은 대단했지요. 팀원들 중에는 내가 수년간 알고 지낸 사람들도 있었고 인터뷰를 하기 전까지 알지 못했던 사람들도 있었죠. 나는 정부 밖에서 두 명을 고용했는데, 그 이유는 새로운 아이디어를 주입하는 것이 항상 중요하다고 여기고 있었기 때문이에요. 우리 팀에는 29세에서 60대 중반에 이르는 사람까지 다양한 연령의 사람들이 근무하고 있어요." 여기까지 들으면서 마켈 주지사에게 가장 중요한 것은 리더십 경험과 결과, 관련성이라는 생각이 들었다.

하지만 특별히 리더십 경쟁력에 대해 강구하지 않는다면 그 부분을 놓치기 쉽다. 그것이 바로 실질적인 수단이 중요한 이유이다.

마크 갤로글리는 이렇게 말했다.

"공공부문에서는 능력 관리가 필요한 만큼 이루어지지 않는 것 같아요." 나는 제1장에서 마크에 대해 처음 언급하면서 그의 인상적인 리더십 배경에 대해 이야기한 바 있다(그는 센터브리지 파트너스

Centerbridge Partners의 공동 설립자로, 커뮤니티 내에서 능력 있는 사람들과 정기적으로 만나라는 벤저민 프랭클린의 실행을 받아들이라고 조언해준 사람이다). "정부 내에서 일하고 있는 사람들의 역할과 관련해 스코어카드를 만들어보려고 노력해 봐야 해요."

근 20년간 회사를 경영해 오면서 동료 랜디 스트리트와 나는 후보 선택에 관한 다양한 문헌과 연구 결과에 기초해 〈누구를 고용할 것인가〉이라는 책을 집필했다. 나는 유권자들과 선출된 정부 리더들이 가치 있다고 여길 만한 두 가지 도구를 채택했다.

이 책에서 우리는 '고용을 위한 좋은 방법'을 소개했는데, 이는 1) 스코어카드, 2) 조달, 3) 선택, 4) 판매의 네 가지 단계를 포함한다. 정치 후보를 조달하고 그들을 적합한 일자리에 소개하는 것은 유권자의 능력을 넘어선 일이기 때문에 우리는 이 두 가지 단계에 대해서는 생각하지 않기로 하겠다. 우리가 집중하려고 하는 부분은 스코어카드(성공 기준을 만드는 방법)와 선택(훌륭한 결정을 내리기 위해 자료를 모으고 분석하는 방법)의 두 가지 단계이다.

이 두 가지 도구를 이용하면 우리 모두의 마음가짐을 변화시키는 데 도움이 될 것이라고 생각한다.

리더정치 스코어카드

내가 준비한 첫 번째 도구는 리더정치 스코어카드이다.

스코어카드의 핵심은 두 가지이다.

1. 후보가 성취해야 할 것이라 생각하는 측정 가능한 결과 목록을 정리하라. 균형 예산(가령 100억 달러의 예산), 특정 분야의 업무 수행 능력 개선(노숙자 30퍼센트 감축), 혹은 광범위한 경제적 혹은 공동체의 문제를 해결하기 위한 단계적 조치 마련(일정 기간 동안 실업자의 비율을 9퍼센트에서 6퍼센트까지 감소시킬 것) 등이 그 예가 될 수 있을 것이다.
2. 당신이 생각하기에 해당 업무와 관련이 있거나 중요하다고 판단되는 기능의 목록을 정리하라. 기능에 대한 체크리스트는 아래에 제시되어 있다. 해당 업무와 관련해 특별히 중요하다고 생각하는 점이 있으면 별표를 해 놓으라.

그런 후 각각의 후보에 대한 자료를 수집하라. 오늘날 당신이 원하는 자료를 수집하는 일은 어려운 일이 아니다. 위키피디아에서 그들에 대한 인물 정보를 검색해 보거나 그들의 저서를 읽어보아도 되고(중요 정부에 대한 임명이 논의되는 후보들은 대부분 자신들의 저서를 가지고 있다), 그들이 어떠한 업적을 어떻게 달성했는지를 들어볼 수 있는 찰리 로즈 쇼에서 진행했던 인터뷰 내용을 들어보거나, 그들의 업적에 관한 뉴스 기사를 읽어보는 것 등을 통해 자료를 수집할 수 있다.

그리고 난 후 직감이나 후보의 헤어스타일, 혹은 투나잇 쇼에 출연해서 얼마나 재미난 입담을 보여주는지 등에 혹하지 말고 당신이 수집한 자료와 사실에 근거해 각각의 후보에 대한 점수를 매기라.

이제 점수를 합산하라. 가장 높은 점수를 받은 후보에게 투표를 하면 된다.

이번 장은 대부분 투표에 초점을 맞추고 있지만 이 간단한 고용 프로세스는 선출된 공무원이 자신들의 핵심 멤버를 고용하는 데에도 사용할 수 있다. 물론 정원사나 베이비시터, 배수로의 낙엽을 청소하는 사람, 경영 보조, 웨딩 플래너, CEO, 콜센터 직원, 비영리 기금모금자, 혹은 나노기술 연구원을 고용할 때에도 이 방법을 사용할 수 있다.

이 접근 방식은 어느 곳에서든 사람을 고용할 때 이용할 수 있다. 이 방식이 선출직 혹은 임명직 리더를 고용할 때에도 유용함은 물론이다.

후보에 관한 수많은 정보들이 도처에 널려 있다. 물론 그것들 중에는 상당한 오류로 가진 정보들도 있다. 당신이 수집한 자료를 해석하고 리더정치 스코어카드에 점수를 정확히 기재하기 위해서 해당 리더가 성취한 결과와 관련하여 스스로 다음의 두 가지 중요한 문제에 대한 질문을 해보라.

결과: 리더로서 이 후보가 어느 정도의 훌륭한 결과를 만들어냈는가?

관련성: 당신이 바라는 결과와 이 후보가 만들어낸 과거의 업적이 얼마나 관련을 맺고 있는가?

리더정치 스코어카드

후보 이름: _____

리더가 성취해낼 것이라고 기대하는 결과물	점수: 1(낮음) - 10(높음) 해당 리더의 업적 및 기대하는 결과와의 상관관계에 기초하여 평가할 것

기능	점수: 1(낮음) - 10(높음) 해당 리더의 업적과 각 기능의 상관관계에 기초하여 평가할 것
분석	
학습 속도가 빠른가	
비판적, 전략적으로 사고하는가	
창의적, 혁신적인가	
세부적인 것에 주의를 기울이는가	
효과적으로 듣는가	
비판에 귀기울이고 의견을 교환하는가	
배분	
계획 수립, 시스템 및 조직의 효율성에 중점을 두는가	
A급 직원을 고용하는가, 직원을 발굴하는가, 업무 능력이 떨어지는 사람을 제거하는가	
인력자원으로부터 최고의 가치를 발견하는가	
희망이 아니라 필요에 따라 우선순위를 정하는가	
고객과 서비스에 중점을 두는가	
높은 기준을 수립하고 사람들이 지키도록 하는가	
조정	
사람들을 존중하고 그들의 신념을 지지하는가	
지속적이면서도 유연하고 새로운 환경에 적응능력이 있는가	
효율적인 실행에 집중하는가	
열정과 실용적인 낙관으로 사람들에게 동기를 유발하는가	
공약을 준수하는가	
설득력 있게 의사를 전달하는가	

주: ghSMART&Co 제공

예를 들어 당신이 바라는 결과 중 하나가 예산을 특정 규모에 맞추는 것이라면 다음과 같이 질문을 하는 것이다. '이 후보가 지난 커리어에서 예산을 이 정도 규모로 성공적으로 맞추었던 적이 있는가? 그러한 경험이 우리가 직면하고 있는 예산 문제와 관계가 있는가?'

어떤 후보가 수익이 나지 않던 기업 두 개를 경영하여 엄청났던 손실을 극복하고 재정적으로 단단한 입지를 다졌다고 가정해보자. 그녀는 적자와 누적 채무 속에서 운영되던 비영리조직을 경영하면서 예산균형을 달성한 경험도 있다. 당신은 이와 관련하여 결과물 항목에 9나 10의 점수를 기재할 것이다. 만약 해당 후보가 예산 규모가 큰 조직을 이끌었던 경험이 있지만 그녀가 재임했을 때나 그녀가 조직을 떠났을 때 모두 예산이 안정적이었다면 당신은 아마도 5점 정도를 부여할 것이다. 그리고 해당 후보가 예산 규모가 큰 조직이나 부서를 운영해본 경험이 없고 있다 해도 운영에 실패한 경험이 있다면 당신은 그녀에게 1이나 2의 점수를 부여할 것이다.

기능 부문에서 각각의 후보에 대해 같은 질문들을 해보라. 당신이 해당 후보들에 대해 조사한 것들을 반영하여 기능 부문에 점수를 기재하라. 다음의 질문들이 당신에게 도움이 될 수도 있을 것이다.

분석

결과: 분석가로서 이 후보는 어느 정도 인상적인 결과를 만들어냈는가?

관련성: 당면한 과제와 이 후보의 분석 능력이 어느 정도의 관련성

을 가지는가?

배분
결과: 배분자로서 이 후보는 어느 정도 인상적인 결과를 만들어냈는가?

관련성: 당면한 과제와 이 후보의 배분 능력이 어느 정도의 관련성을 가지는가?

조정
결과: 조정가로서 이 후보는 어느 정도 인상적인 결과를 만들어냈는가?

관련성: 당면한 과제와 이 후보의 조정 능력이 어느 정도의 관련성을 가지는가?

후보를 고용하는 것과 관련해 내가 알고 있는 모든 것을 한 마디로 요약한다면 아마 다음과 같은 말이 될 것이다.

"상황에 딱 들어맞는 정도의 관련성 있는 결과물을 만들어낸 적이 있는 후보에게 투표하라."

이 테스트가 어떻게 이용될 수 있는지 몇 가지 예를 살펴보자. 꽤 큰 규모의 예산 관리, 일자리 창출, 적은 자원을 활용한 특정 서비스 확충이라는 세 가지 주요 과제를 해결해야 하는 리더를 선출해야 한다고 가정해보자.

후보 A: 평균적인 학업 수행 능력을 지닌 변호사로 네 명 이상으로 구성된 팀을 이끌어본 적이 없으며 수년간 정치에 관련된 일을 해왔다. 그와 함께 일을 해본 사람들은 언론을 통해 그가 분열을 초래하고 그와 함께 일하는 동료들에 비해 상대적으로 업무 능력이 떨어지는 습관적인 비판론자라고 말한다. 그는 몇몇 위원회에서 일을 했으나 해당 위원회가 기억할만한 성과를 낸 것은 없다. 그는 3A 중 어떤 것에 대해서도 뛰어난 능력을 보이지 않는 것처럼 보이며 보여줄 만한 실질적인 성과도 없고 특별한 관련 기술도 없다. 그는 결과물이나 기능 부문 모두에서 낮은 점수를 받게 될 것이다.

후보 B: 대기업 CEO 출신으로 7년간 수익을 5천만 달러에서 2억 5천만 달러 규모로 증진하고 일자리를 300개에서 1,500개 이상으로 확충했다. 그녀는 해당 산업 분야에서 가장 혁신적인 상품을 만들어내면서 지속적으로 수익 목표를 달성했다. 해당 기업에 대한 고객 충성도는 놀라울 정도이다. 그녀는 이전에 세계 최고의 경이로운 기업으로 꼽히는 기업에서 최고위직을 역임한 바 있으며 해당 기업의 분쟁 국면을 전환하는데 책임을 다했다. 이 후보의 리더십 커리어 기록은 결과의 측면이나 관련성의 측면 모두에서 높은 점수를 기록한다. 당신은 그녀가 높은 수준의 리더십 재능을 발휘할 것이며 동일한 혹은 더 적은 자원을 활용해 더 나은 결과를 성취할 것이라는 사실에 자신을 갖게 될 것이다.

고용에 있어 이러한 접근 방법은 이미 콜로라도 주에서 성공적으로 활용된 바 있기에 정부에서도 활용 가능하다는 사실을 나는 알고 있다. 히켄루퍼 주지사는 이 같은 접근법을 다양한 분야에서 활용한 바 있는데, 가령 고위 관료 선정이나 부서 수장들에 대한 훈련 과정, 자신의 임기 첫 해에 목표 수립 과정에서 이러한 방법을 사용했으며 심지어 대법원 법관 임명 시에도 사용한 바 있다. 우리는 경제 개발이나 인적 서비스, 보건, 법률, 인적 행정, 노동관계 등 다양한 영역에서 이 방법을 성공적으로 활용해온 정부 리더들로부터 칭찬과 감사의 인사를 받아 왔다.

리더 성과 기록

투표에 있어 다음으로 우리가 적용하려고 하는 중요한 고용 연습 과제는 〈누구를 고용할 것인가〉에서 제시한 또 다른 방법인 '선택' 단계이다. 이는 후보에 대한 자료를 수집하고 그것을 분석한 뒤 누구를 뽑을지 결정하는 단계이다.

우리는 정치인의 연설에서 따온 인상적인 한 마디에 바탕을 둔 세상에 살고 있다. 인상적인 정치적 홍보 문구는 훌륭하다. 하지만 우리가 "그들이 지난 커리어에 있어 실제로 어떤 성과를 거두었는가"에 대해 더 많이 알고 있다면 훌륭한 리더를 선택하기가 더 쉬워질 것이다. 나는 선출직 공무원직의 모든 후보들이 '리더 성과 기록'을 작성해서 시민들이 허위와 진실을 구분할 수 있게 되길 바란다.

나는 많은 후보들이 자신들의 경험이나 업무성과에 대한 인상과 차이가 있다는 사실을 유권자들이 볼 수 없도록 연막작전을 펴는 것을 발견하곤 한다. 그들은 부모들이 아이들의 주의를 흐리기 위해 사용하는 방식을 유권자들에게 사용한다.

"안 돼. 사탕은 이제 그만… 어머, 저기 예쁜 새들 좀 봐!"와 같은 부모의 방식과 "아니, 사실 저는 그런 확실한 경험은 하지 못했는데요… 아, 그 후보가 비서의 몸을 더듬었다는 이야기를 들으셨나요?"와 같은 후보의 방식을 비교해보라.

능력 있는 리더들은 그와 반대의 모습을 보인다. 그들은 자신들의 성과를 분명하게 드러낸다. 왜냐하면 그들에게는 드러낼만한 리더십 성과가 있기 때문이다!

한 가지 간단한 포맷으로 아마도 우리가 현장에서 생물학적 인터뷰라고 부르는 것과 비슷한 것이 있다. 이러한 유형의 인터뷰 역사는 거의 반세기 이전에 나의 아버지인 브래드 스마트가 고안한 심층 인터뷰에 뿌리를 두고 있다. 우리는 지난 20여 년간 ghSMART에서 이 접근 방법을 혁신하기 위해 노력해왔다. 아버지는 이러한 인터뷰의 현재 버전을 '일등급 인터뷰Topgrading Interview'라고 명명하셨다. 이 인터뷰의 ghSMART 버전은 '후 인터뷰Who Interview'인데 이 인터뷰를 통해 그 사람이 진짜 누구인지를 알 수 있기 때문이다.

이제 나는 그것을 리더 성과 기록이라고 부르려고 한다. 이는 공공기록의 문제인데 왜냐하면 모든 후보들이 공공부문에서의 일자리를 대상으로 하고 있기 때문이다. 여기 그 작동법이 아주 간단하게 나타나 있다. 후보들은 리더 성과 기록을 완성해 자신들의 웹사이트에 등재하거나 스스로를 심층 인터뷰 대상으로 하여 가공하지 않은 상태로 자신의 웹사이트에 포스트하면 된다. 이를 통해 그 사람이 진정 누구인지 파악하는 데 굉장한 도움을 받을 수 있을 것이다.

리더 성과 기록

1. 당신의 학창 시절에 가장 인상 깊었던 리더십 성과로는 무엇이 있는가?
2. 당신이 그동안 수행했던 업무와 관련하여 아래의 질문에 답하라.
   - 고용주 이름, 고용일, 업무내용, 상사의 이름
   - 당신은 어떠한 성과를 목적으로 고용되었는가?
   - 당신이 가장 자랑스럽게 생각하는 리더십 성과는 무엇인가?
   - 당신이 그 일을 수행하면서 리더로서 가장 큰 실수였다고 생각하는 것은 무엇인가?
   - 당신의 상사나 동료들은 당신의 리더십에 대한 장점과 단점으로 무엇을 꼽을 것이라고 생각하는가?
   - 당신이 그 일을 그만둔 이유는 무엇인가?

이 정도면 충분하다! 굉장히 간단한 질문들이지만 이 정보를 통해 우리가 해당 후보에 대해 얼마나 분명하게 이해할 수 있는지 상상할 수 있겠는가? 우리가 얼마나 충분한 정보를 통해 결정을 내리게 될 수 있을 것인지 상상해보라. 이 접근법을 통해 유권자들은 알갱이와

쭉정이를 구분하고 실천가와 말뿐인 사람을 구분할 수 있으며 실질적인 리더를 구분해낼 수 있다.

위험 신호들

당신은 아마도 "우리 유권자들이 피해야 할 유형의 후보가 있을까?"라는 점에 대해 의문을 품고 있을 것이다. 간단히 대답하면 '없다'이다. 나는 고정관념을 만드는 것을 좋아하지 않는다. 가장 중요한 것은 내가 제시한 숙제를 하는 것이다. 해당 역할과 관련하여 리더정치 스코어카드를 작성하고 후보들에 대한 자료를 수집한 후 리더 성과 기록을 작성하는 것이다.

하지만 당신이 위험 신호들에 대해 알려 달라고 주장한다면 내 개인적으로는 다음과 같은 유형의 후보를 조심해야 한다고 말하겠다. 이러한 유형의 후보들이 야망을 갖는 것에 대해서 화가 나지는 않는다. 그리고 그들이 모두 나쁜 사람들이라고 생각하지도 않는다. 이러한 사람들 중에 정말 고결한 의도를 가진 사람들도 많이 있다. 단지 이러한 프로필을 가진 사람들은 실제 리더십 능력이 없는 경우가 흔하다는 것이다.

관료주의형

'틀렸다'라고 말하는 것을 듣는다면 관료주의형이라는 것을 감지하라.

흔히 그들은 정부의 규칙이나 규제, 법, 의무, 통찰력, 혹은 통제가 불충분한 부분에 대해 '틀렸다'라는 진단을 내린다. 그들은 시민들에게 제한보다 부담을 더 과중하게 부과하는 해결책을 제시한다. 그들은 자신들이 속해 있는 위원회나 규제 기관에서 권고나 제안, 선언을 할 뿐 측정 가능한 가치를 많이 만들어내지 못하는 의회를 들먹이며 자신들이 얼마나 '숙련된' 사람인지를 강조한다.

관료주의형의 사람들에게서는 악마 같은 행동도 발견되는데, 가령 범죄자들을 가리키며 자신들이 시민 사회에 적용하고 싶은 규제 방안이나 자신들이 제한하고 싶어 하는 행동에 대한 새로운 규제들을 과도하게 강조한다. 정치적인 경력이 있는 사람을 조심하라. 특히 일생 동안 입법 기관에서만 일 해온 사람이나 특정 이해 집단과 친밀함을 유지하고 있는 사람, 문제를 해결하는 것보다 권력을 쫓는 데 심취해 있는 것처럼 보이는 사람을 조심하라.

물론 정치 경력을 가진 사람들 중에 관료주의적이지 않고 정말 훌륭한 리더들도 있다. 하지만 내가 만나본 사람들 중에는 결코 많지 않았다!

거북이형

거북이형이란 느려터진 후보를 지칭하는 것이 아니다. 여기에서 말하는 거북이란 "울타리 위에서 거북이를 보게 된다면 그것은 누군가가 거북이를 그곳에 올려놓은 것이다"라는 말 속에 등장하는 거북이를 의미한다. 분명 거북이는 울타리를 기어 올라갈 수 없다. 아마도 발톱이 없거나 힘이 없거나 관절이 없거나 용기가 없기 때문일 것이라고 생각해본다. 거북이가 울타리 위에 올라가기 위해서는 누군가의 도움이 필요한 것이다.

다시 말해 때때로 사람들은 타인의 능력에 의지하는 방식으로 높은 자리에 오르기도 한다. 그들은 (다른 사람들의 능력에 기초한) 특권이나 필요한 때에 필요한 장소에 있었기 때문이라는 이유로 그 자리에 놓이게 된 것이다.

이러한 거북이형을 감지해내기 위해서는 후보의 대학시절 평가를 확인할 필요가 있다. 유명 인사의 이름을 친구처럼 자주 들먹인다거나 성공적으로 마무리된 작업에 실질적인 공헌을 한 바 없이 그 주변에 머물러 있던 사람들에 대해 의심해보아야 한다.

그리고 거북이형의 사람이 그 자리에 오를 수 있도록 도움을 준 사람들에 대해 좋지 않은 평가를 내리는 사람들의 말에 귀를 기울여라 (거북이형의 사람에게 도움을 준 사람들은 거북이들을 베일 속에 숨기려고 하기 때문이다).

물론 특권을 가진 사람들 중에 강력한 리더십 기술을 발전시켜온 사람도 있다. 부유한 집안에서 태어났다는 이유만으로 정부의 직책에 적합하지 않다는 아니다. 다만 누구를 뽑을지 고민하고 있을 때 누군가에게 주어진 기회를 그 사람이 만들어낸 실질적인 성과라고 오인하고 있는 것은 아닌지 확실히 하라는 것이다. '혈통'을 '업적'이라고 오인하지 않도록 하자.

큰소리치는 유형

유권자들은 큰소리치는 유형의 사람들에 대해 열정이 있다거나 '나를 위해 싸울' 혹은 '뭔가 이룰 수 있는' 용기를 가진 사람이라고 생각할 것이 분명하다. 가장 쉬운 방법이 지지하는 군중을 흥분시켜 광분 속으로 몰아넣는 것이다.

하지만 큰소리치는 사람들은 흔히 허풍쟁이들일 뿐이다. 그들은 세상을 비난하고 손가락질을 한다. 그들은 논쟁을 만들어낸다. 그들은 우는 소리를 하고 불평을 한다. 그리고 그들은 주목할만한 성과를 내지 못한다. 유권자들은 흔히 말만 요란한 사람들에게 투표했던 자신들의 결정에 대해 후회를 한다. 조지 워싱턴은 큰소리치는 사람이 아니었다. 에이브러햄 링컨도 큰소리치는 사람이 아니었다. 존 F. 케네디와 로널드 레이건 역시 큰소리치는 사람이 아니었다. 이 정도면 충분히 설명이 됐으리라 믿는다!

물론 후보의 목소리가 크다는 이유만으로 그가 자격이 없다는 것을 의미하는 것은 아니다. 하지만 그가 당선되기 위해 우선적으로 사용하는 전략이 가장 큰 목소리를 내는 것이라거나 단지 열정이 넘쳐 다른 후보를 압도하는 것이라면 주의하라. '열정'을 '업무 수행 능력'으로 오인하지 말자.

이상주의자

이상주의자란 약속은 많이 하지만 실제로 지키는 것은 거의 없는 후보를 말한다. '해야 한다' 혹은 '필요하다'와 같은 표현을 과도하게 사용하지는 않는지 주목하라. "우리는 고된 노동을 하고 있는 미국인들에게 휴식을 주어야 합니다." "우리는 노인들에 대한 복지를 개선할 필요가 있습니다." "말라리아에 대한 치료책이 마련되어야만 합니다."

여기 이상주의자들이 술책으로 사용하는 또 다른 흥미 있는 수사법이 있다. "저의 반대편에 있는 저 후보는 수년간 기회가 있을 때마다 헌법의 기틀을 흔들고/ 아동 학대를 외면하고/ 노인층을 무시하고/ 노동계층을 노예화하는 데 일조해왔습니다." 이 말이 사실인가? 상대 후보가 헌법의 기틀을 흔드는 데 일조했다고? 아동 학대를 외면해왔다고? 노인층을 무시했다고? 문자 그대로 노동 계층을 노예화하려 했다는 말인가? 얼마나 끔찍한가. 그러면 상대 후보는 국가를 싫어한단 말인가? 이러한 이상주의자들의 수사법은 허약한 리더들이 유권자들을 자신의 편에 서도록 세뇌하기 위해 사용하는 방법이다.

비실용적인 이상주의자는 교환이나 실질적인 계획에 대해 거의 말하지 않는다. 비실용적인 리더의 겉만 번드레한 말치레에 특히 주의를 기울여야 한다.

가령 "우리는 비즈니스에 아무런 부담을 주지 않으면서 환경을 좀 더 깨끗하게 만들 필요가 있습니다"와 같은 말이 있다고 하자. 어? 잠깐, 뭐라고? 당신은 정확하게 뭘 말하고 있는 것인가?

민간부문에서 그런 식의 이상주의적 비논리는 "저는 CEO로서 우리의 헤드쿼터를 다른 주로 옮기기로 결정했습니다. 하지만 걱정하지 마세요. 우리는 직원 여러분의 가정을 단 하나도 분리시키지 않을 생각이니까요"라고 말하는 것만큼이나 바보 같은 것이다. 자, 직원들을 아이들의 학교나 친구, 가족들이 있는 곳으로부터 수천 마일 떨어진 곳으로 옮겨가게 하는 것은 이산가족을 만드는 것이다. 결정이 있으면 결과가 따르게 마련이다. 이상주의자들은 우리가 그들의 의견에 따르기만 하면 모든 것이 핑크빛이 될 것이라고 말하는 것처럼 보인다. 하지만 그들이 제안하는 논리에 따르다 보면 앞뒤가 맞지 않을 뿐 아니라 그들의 발언이 문제를 해결하기는커녕 유권자들을 양극화시키는 내용을 담고 있다는 사실을 흔히 발견하게 된다.

물론 자신의 이상을 강하게 주장하는 사람이라고 모두 그릇된 후보인 것은 아니다. 실제로 굉장히 실용적이고 사회에 유용한 이상을 지닌 사람들도 있다. 하지만 이상에 기초해 집단의 양극화를 초래하는 것 이상의 리더십 기술이 있는지를 분명히 확인하자. '이상'과 '문제 해결'을 오인하지 말자.

* * *

나는 당신이 좀 더 현명하게 투표하기 위해 리더정치 스코어카드와 리더 성과 기록을 활용하길 기대한다. 지금까지 훌륭한 고용 프로세스를 위해 활용할 수 있는 '스코어카드'와 '선택' 단계에 대해 살펴보았으니, 이제 다음 장에서는 '조달' 단계(정부에 관심이 있는 훌륭한 리더들을 더 많이 끌어 모으는 방법)에 대해 살펴보도록 하겠다.

리더정치에 대한 논의

1. 지난 선거에서 후보들의 외모가 당신의 의견에 얼마나 영향을 미쳤는가?
2. 주술 선거와 관련된 행동으로 또 다른 어떤 것들을 제시할 수 있겠는가? 그것들이 그릇된 후보를 당선시키는 이유는 무엇인가?
3. 후보의 커리어 및 업무 수행 능력과 관련된 자료와 사실을 확인하기 위해 유권자로서 우리가 사용할 수 있는 새롭고 혁신적인 방법으로는 어떤 것들이 더 있겠는가? 또 우리가 토론 능력이나 언론매체의 발언에 지나치게 의존하는 것을 피하기 위한 방법으로는 어떤 것이 있는가?

리더의 결단력

효과적인 리더십은 우선 해결해야 할 문제를 우선순위에 놓는 것이다.
그리고 효과적인 경영은 그것을 수행해나가는 규율이다.

―스티븐 코비Stephen Covey

나는 리더정치에서 살고 싶다.

공공부문에서 일하는 유능한 리더들이 많아지면 정부의 업무 수행 능력이 향상되고 부담 뿐 아니라 관료주의에 따른 지출이 감소하며 모든 사람들의 삶의 질이 개선될 것이다.

명분을 갖추기 위해 내가 하고 있는 일이 세 가지가 있다. 첫째, 나는 자발적으로 시간을 내 이 책에서 제시한 원칙들을 실행에 옮기는 방법에 대해 정부 리더들에게 조언을 한다.

둘째, 나는 리더정치를 홍보하기 위해 이 책을 썼다. 셋째, 나는 리더스 이니셔티브(The Leaders Initiative, 이하 'TLI')를 설립했다. 비영리 조직인 TLI의 미션은 '사회의 최고 리더들을 발굴, 개발하고 정부에 배치함으로써 삶의 질을 개선하는 데' 있다.

그러므로 나는 책상 앞에 가만히 앉아 우리가 무엇을 '해야만' 하는지에 대해 이야기만 하고 있는 것이 아니다. 나는 유능한 리더들을 발굴하고 그들을 정부로 끌어들인다는 개념과 관련해서 시험 및 실행을 하고자 노력하고 있는 중이다. 물론 TLI가 유일한 해결책은 아니다. 다른 사람들이 훨씬 더 나은 아이디어를 고안해낼 수도 있다. 그것은 단지 유능한 리더들이 정부에 발을 들이는 것을 좀 더 쉽고 덜 고통스럽게 하기 위한 하나의 아이디어에 불과하다. 즉 펌프에 마중물을 붓는 것일 뿐이다.

민간부문의 리더들 중에는 정부에서 일하는 것에 대해 고려만이라도 해볼 의향이 있는 사람조차 많지 않다.

도입 부분에서 내가 언급했던 것처럼 시카고 대학교의 교수 스티브 카플란과 그의 연구팀이 조사한 결과에 따르면 겨우 2퍼센트에 해당하는 CEO들만이 정부에서 일하는 것에 대해 관심을 표명하였다(우리가 표본으로 삼은 307명의 CEO를 대상으로 한 결과이다).

그 수치가 80퍼센트에 가까웠다면 우리 모두에게 더 좋았을 것이다. CEO들끼리 "자네도 리더정치 선언Leadocracy Pledge에 사인했나? 나도 했네. 나는 아마도 향후 5년 사이에 2년 과정의 리더십 서비스 기간을 수행할 생각이야. 대신 내가 정부의 어느 곳에서 기여할 수 있는지 확인하기 위해 지금부터 정부에 대해 좀 더 공부해보려고 하네"와 같은 대화를 주고받는 것을 듣게 된다면 내 꿈이 이루어진 것일 게다.

왜 2년인가? 그 정도면 의미 있는 시간이 되기에 충분하고 개인적인 커리어에 많은 지장을 초래하지 않을 만큼의 오랜 기간도 아니기 때문이다.

나는 웬디 콥Wendy Kopp을 위해 일한 적이 있다.

티치 포 아메리카Teach For America의 설립자인 웬디 콥은 미국 내에 거주하고 있는 모든 학생들이 자신들이 살고 있는 지역이나 배경에 관계없이 높은 수준의 교육을 받을 수 있도록 하겠다는 비전을 갖고 있었다. 웬디가 어떻게 티치 포 아메리카를 설립했는지 그 과정을 듣기 위해 그녀에게 전화를 걸었을 때 나는 그녀의 추진력과 관용에 감명을 받았다. 그녀의 접근 방식은 가장 훌륭하고 똑똑한 대학원생을 선정해 이들이 2년간 저소득 커뮤니티 안에서 교편을 잡는 것이었다. 이렇게 교사로 뽑힌 학생들은 뭔가 의미 있고 도전적인 일을 할 수 있는 기회를 갖게 되는 것이다. 이로써 미래의 리더가 될 세대들은 자신들의 우선순위나 커리어 경로를 정하고, 의사결정을 내리는 데 있어 영향을 받았다. KIPP의 설립자인 마이크 핀버그와 데이브 레빈(최대 규모의 차터 스쿨charter school, 공적 자금을 받아 교사·부모·지역 단체 등이 설립한 학교. 오퍼레이터의 공동설립자) 등 많은 학생들이 교육 개혁

운동을 지속하겠다는 결정을 내렸다. 그리고 그러한 저소득 커뮤니티에 살고 있던 학생들은 유능하고 에너지 넘치는 교사들로부터 많은 것을 배우게 되었다.

이러한 방식을 정부에 적용해보는 것은 어떨까? 현재 정부에서 공직을 수행하고 있지 않은 유능한 리더들을 발굴해서 그러한 리더들이 정부의 공공 서비스에 대해 배울 수 있게 하는 것이다. 그리고 성공할 수 있는 방법을 이해하고 개발하도록 도움을 제공한 후 그들이 정부에서 2년 과정의 리더십 서비스를 수행할 수 있도록 하는 것이다. 그러한 일을 담당하는 기관이 있다고 상상해보라.

아마도 리더들 중 일부는 2년의 기간이 지난 후 기존의 민간부문으로 돌아가면서 다른 유능한 리더들에게 배턴을 넘겨줄 것이다. 그리고 일부는 좀 더 오랜 기간 동안 정부에 남아 있는 것을 선택할 것이다. 또한 일부는 선출직 공무원으로 나아가는 사람도 있을 것이다. 이는 몇 년 전 히켄루퍼 주지사의 사무실에서 우리가 만들어낸 생각이었다. 그때 그는 내각 멤버를 구성하는 문제를 놓고 고심하는 중이었다.

그날의 미팅이 있은 지 몇 달이 지나고서 나는 TLI를 설립했다. 이 조직을 통해서 우리는 리더정치라는 개념을 아주 직접적으로 증진하기 위한 작업에 착수중이다. 어머니가 말씀하신 것처럼 우리는 '그들의 목덜미를 잡아' 당기고 있다. 즉 그러한 개념들을 정부 속에 부드럽게 밀어 넣고 있다는 말이다.

히켄루퍼 주지사의 비서실장인 록산느 화이트가 말한 것처럼 이 계획은 이 나라가 세워지던 시기 즈음에 존재했던 시민 참여의 유형을 연상시킨다. 최고의 리더들은 한 걸음 다가서 자신들의 재능을 그들이 속한 커뮤니티의 이익을 위해 사용하려고 할 것이다. 벤저민 프랭클린은 하나의 예에 불과하다. 그는 사업가이자 기업가, 놀라운 발명가였다. 그는 정부에 들어가 독립선언문을 기초하고 미국 헌법에 사인을 했으며 펜실베이니아 주지사, 프랑스 대사, 제1대 우정공사총재를 역임하는 등 놀라운 업적을 이루어냈다. 그는 자신의 리더십 재능을 모든 사람들의 이익을 위해 사용하는 데 중점을 두었다. 그리고 그는 일을 즐기는 것처럼 보였다.

록산느가 그 점에 대해 지적했을 때 내 친구인 마크가 시민 그룹을 만들자고 수년 전에 제안한 것이 떠올랐다. 그리고 칙센트미하이 교수도 유사한 이야기를 한 바 있었다. 즉, 고대 로마인들도 유사한 커뮤니티 미팅을 가지곤 했다는 것이다. 물 공급 문제와 같은 사회적인 문제가 있으면 일부 상인들이 손을 들어 "좋아요, 내가 그 일을 하죠."라고 말하고 사람들이 재빨리 투표를 실시해 결정이 되면 바로 그 일을 시작했다. 시민들이 자신의 정부를 운영하는 것은 아주 자연스러운 일이다.

이러한 모델은 나의 마음 속 깊은 곳을 가득 채우고 있다. 나는 메이플라워호를 타고 신세계로 나아가 첫 번째 통치자가 되었던 사람들 중 하나인 플리머스 식민지 Plymouth Colony의 총독 윌리엄 브래드포드의 직계 자손이다. 그는 서른 한 살의 나이에 정부에 들어가 일하게 되기 전까지 자신이 운영하던 가게의 방직공으로 일했다. 브래드포드 총독은 미국의 오랜 전통으로 계승되고 있는 추수감사절 및 사적 재산권, 시청 회의를 통한 연설의 자유, 출판의 자유를 선포한 것으로 알려져 있다. 그는 30차례나 총독으로 재선되는 경이로운 이력을 지녔다(이는 임기 제한의 문제를 야기하였지만 내가 강조하려는 점은 그가 민간부문에서 정부로 옮겨가 보기 드문 위업을 달성해냈던 훌륭한 리더라는 점이다).

많은 리더들이 민간부문과 공공부문 사이에는 철의 장막이 쳐있다고 여기는 듯하다. 하지만 그렇지 않다. 그곳에는 어떤 장벽이나 철조망도 존재하지 않는다. 무지의 장막은 실질적으로 샤워 커튼만큼이나 얇고 엉성하며 걷어내기도 쉽다. 문제는 이 샤워 커튼을 어떻게 젖히고 유능한 리더들에게 이해하기 쉽게 설명하여 그들이 공직을 수행할 수 있도록 길을 열어줄 것인가 하는 점에 있다.

리더의 커리어 곡선

투자회사인 센터브리지 파트너스Centerbridge Partners의 경영 총괄본부장이자 오바마 대통령의 일자리 및 경쟁력 위원회Council on Jobs and Competitiveness 위원인 마크 갤로글리Mark Gallogly는 정부의 리더를 고용하는 것과 관련해 우리가 직면한 문제를 요약했다.

"미국은 역사적으로 훌륭한 인재를 정부 내로 끌어들이는 문제에 대한 분명한 정책을 갖지 못했다. 연방 수준의 모든 행정부처에는 5

천 개의 직책이 존재한다. 어떻게 우리가 이 모든 자리를 다양한 분야의 유능한 리더들로 채울 수 있겠는가?"

연방 수준 뿐 아니라 주 및 기타 지역의 리더 자리에는 많은 수의 리더들이 임명된다. 이렇게 임명된 리더들은 흔히 (부처라고도 알려져 있는) 정부의 비즈니스 단위가 성공적인 결과를 만들어내도록 이끌어 갈 책임이 있는 사람들이다. 그것이 '신성한 업무'가 이루어지는 곳이라고 말하는 것은 다른 분야에서는 완전히 받아들여지지 않는다. 그리고 당신이 정부로부터 받고 있는 대부분의 서비스를 실제로 당신에게 제공해주는 사람들은 의회에서 사소한 언쟁에 시간을 낭비하는 사람들이 아니라고만 이야기해두자. 그들은 문제를 분석하고 수십억 달러의 비용과 수천의 사람들을 요소요소에 배분하며 목표가 달성되도록 조정하고 있다. 이러한 사람들은 내각 구성원이나 그들의 직원으로 임명된 사람들이다.

선출직 공무원으로 일한다는 것이 많은 것을 잃을 수도 있다는 사실을 나는 이해한다. 리더들이 정부에 대해 느끼는 두려움의 대부분은 선거 캠페인이나 여론 조사의 후보 검증 부분에서 구체적으로 드러난다. 많은 리더들에게 선출직이나 임명직 공무원으로 봉사하도록 납득시키려고 하는 것이 마치 나에게는 전쟁에서 패배한 장수의 비통한 심정과 비슷하게 느껴진다.

그것이 바로 TLI의 활동을 주 정부 내의 임명직에서부터 시작하려고 하는 이유이다. 사회 단체나 언론으로부터의 간섭이나 감시 같은 것은 없다.

정부에서 실제로 일을 하고 있는 유능한 리더들 중 내가 대화를 나누어본 사람들의 말에 의하면 많은 사람들이 공직을 제안받기 전까지 공직에 대해 생각해보지 않은 것으로 나타났다. 대부분의 민간부문의 리더들은 학교에서 열심히 수학한 후 직장에서 커리어를 쌓고 따분하게 해오던 업무에서 벗어나 이사회 직을 수행하거나 기업을 운영하기 시작하고 마지막에는 골프 코스에서 은퇴를 한다.

이것이 바로 리더들의 전형적인 커리어 곡선이다. 높은 학점을 받고, 돈을 벌다가, 뭔가 차이를 만들어내고, 퍼트로 마무리를 한다. 그리고 차이를 만들어내는 시점에서 그들은 공직 수행이라는 새로운 무대에 대해서는 전혀 고려하지 않는다. 그리고 아주 많은 리더들이 고

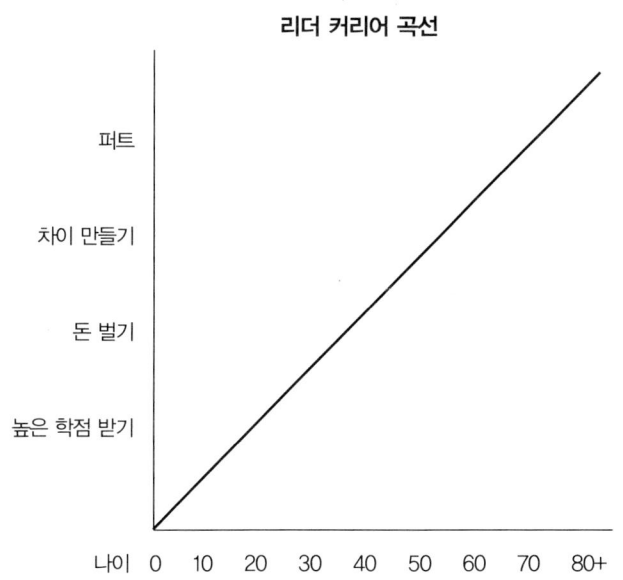

급 사무실을 포기할 때까지 '공허한,' '지루한,' '한가한,' 그리고 '속이 빈' 느낌을 받는다. 여기 힌트가 있다. 아직은 은퇴하지 말라. 대신 정부 일을 하면서 적극적으로 지내라.

'차이를 만들어내는' 단계는 중요한 단계이다. 뉴욕 시장 마이클 블룸버그는 한때 이렇게 말했다.

"내가 수행한 일 중 중요한 것은 유능한 리더들 몇몇을 정부로 끌어들였다는 거에요. 민간부문에 남아 있었다면 많은 돈을 벌 수 있었을 사람들이 정부를 선택했어요. 나는 그들에게 정부에서 일하는 것은 세상을 바꿀 수 있다는 점에서 훌륭한 일자리가 될 것이라고 제안했습니다. 그리고 실제로 그들은 세상을 바꾸어 왔습니다."

우리는 훌륭한 인재를 정부로 끌어들이는 데 있어서는 취약한 시스템을 가지고 있다. 그리고 우리는 유능한 리더들에게 정부에서 일하는 동안 얻게 되는 대가에 대해 거의 도움을 주지 못한다. 우리는 인생의 '차이를 만드는' 단계를 지나는 동안 공헌하고자 하는 그들의 의지를 알아채지 못하고 있다. 릭 스나이더 주지사와 같이 커리어를 쌓아 가는 과정에서 일정 시기가 되면 정부에서 공직을 수행해야겠다고 계획하는 리더는 거의 없다. 스나이더 주지사는 대학 재학 시절 40세에서 60세 사이의 일정 시점에 공직을 수행해야겠다는 계획을 세워 놓았다. 하지만 이러한 선견지명을 가진 사람은 거의 드물다.

이것이 바로 TLI가 해결해주길 바라는 문제이다.

과연 그들이 참여할 것인가?

하지만 리더들이 TLI에 기꺼이 참여할 것인가?

우리가 이 모임에 참여시키고자 했던 인물을 나열하는 것은 쉬운 일이다. 나와 히켄루퍼 주지사, 록산느 화이트는 콜로라도 지역 신문에 등장한 인물들을 분석해 '가장 영향력 있는 리더' 목록을 만들어냈다. 우리는 젊은경영인협회나 세계경영인협회와 같은 전문적인 기관의 명단을 검토했다. 또 우리는 가장 높은 연봉을 받는 CEO들의 명단을 조사했다. 그리고 친구나 동료들과 대화를 나누고 그들이 TLI에 포함시키고 싶은 사람이 있다면 누구인지를 조사했다.

이 책을 쓰고 있는 시점에 일곱 명의 리더들에게 이 그룹에 참여할 것을 요청했는데 일곱 명 모두로 부터 긍정적인 답변을 받았다. 누들스 앤 컴퍼니의 설립자인 아론 케네디는 TLI에 대한 참여 의사를 밝혔는데, 내가 처음 TLI에 참여해달라고 요청했을 때 그는 이렇게 말했다.

"정부에서 성공하기 위한 훈련법이나 리더십 재능을 개발하는 방법에 대해서는 정말 아는 바가 없어요. TLI가 정말 정부 안팎에서 내가 영향력을 행사할 수 있도록 도움을 줄까요? 이 조직에 참여하는 것이 성공적으로 정부 내에 발을 들이고 공헌을 할 수 있도록 할까요? 이 조직에 포함된 사람들의 역량은 어떠한가요? 내가 많은 것을 배우게 될까요? TLI에 참여하는 것이 자극이 될까요? 그것이 과연 제 시간을 효과적으로 사용하는 방법일까요? 만약 TLI에 참여함으로써 세상이나 우리의 삶이 좀 더 긍정적인 방향으로 변화할 수만 있다면 제가 TLI에 관심을 갖기에 충분합니다." 나는 이 같은 질문에 대한 답을 해주었다. "예 그렇습니다."

마이크 프라이즈도 참여 의사를 밝혔다. 마이크는 국제 케이블 TV 회사의 CEO로 리버티글로벌Liberty Global 설립에 지대한 공헌을 한 인물이다. 리버티글로벌은 현재 2만여 명의 직원을 두고 있으며 100억 달러라는 경이로운 이익을 내고 있다. 마이크에게는 예술적인 면모도 있다. 그는 록밴드의 리더 보컬로 활동 중이다. 그는 조직의 유력자에 그치는 것이 아니라 쾌활한 사람이다.

크리스틴 닐랜드도 참여 의사를 밝혔다. 크리스틴은 조직개발 및 리더십개발을 전공한 기업가로 센터스 파트너스Centers Partners의 COO(업무 최고 책임자)이다. 그녀는 우리가 만나본 민간부문 리더들 및 정부 리더들로부터 제일 많은 추천을 받았다.

잔델 앨런 데이비스도 참여 의사를 밝혔다. 그녀는 콜로라도의 거대 의료 서비스 기업인 카이저 퍼머넌트Kaiser Permanente의 2인자의 자리까지 승진한 의사였다.

켄트 써티도 참여 의사를 밝혔다. 켄트는 다비타DaVita의 CEO이며 다비타는 2009년 포춘지 선정 '리더들을 위한 최고의 기업Top Companies for Leaders'에 포함된 바 있는 직원 3만 5천여 명에 60억 달러 자산규모의 기업이다. 스탠포드 경영 대학원에서는 켄트의 리더십을 케이스 연구 대상으로 정하기도 했다.

와우! 와우! 와우! 이들은 우리가 전체 주에서 최고의 리더들이라고 평가받는 사람들이다. 그리고 그들 모두가 긍정적인 답변을 했다.

리더정치 실현에 희망이 보인다.

"비즈니스 커뮤니티에서 최근의 나만큼 정부에 열정적으로 참여하는 사람은 없을걸요." 성공적인 투자 회사 시타델Citadel의 CEO인 켄 그리핀은 말했다. 그야말로 내가 듣고자 했던 소식이다. 내가 켄에게 정부에 좀 더 깊이 관여할 생각이 있는지 물었을 때 그는 이렇게 대답했다.

"미래의 미국 대통령이 나에게 국가를 위해서 일하라고 요청한다면 심각하게 고려해봐야 하겠지요. 지금이야말로 공허한 미사여구를 버리고 워싱턴의 구멍을 메울 때입니다. 국가의 미래 안보에 필요한 변화를 수용할 줄 아는 미치 대니얼스나 폴 라이언과 같은 리더들과 함께 일한다는 것은 굉장한 특권이 될 것입니다. 나는 다시 한 번 기회의 땅이 되는 미국을 내 아이들이나 손자들에게 물려주고 싶어요. 그들도 언제나 꿈을 추구할 수 있는 땅을 말이죠. 미국을 기회의 땅으로 돌려놓는 것은 우리 세대가 남겨놓아야 할 유산이죠."

나와 함께 이야기를 나누었던 도약을 이룬 다른 리더들처럼 켄 역시 능력 있는 리더들과 함께 일하는 데 관심이 있었다. 그것이 크리스틴 러셀이나 마크 엠케스, 얼 구드가 정부로 뛰어든 이유였다. 그들은 모두 미사여구가 아닌 실질적인 성과에 집중하는 주지사들에게 매료되었던 것이다.

우리가 정부로부터 성공적인 리더십을 원한다면 최고의 리더들이 그러한 리더십이 가치 있는 것이라고 확신할 수 있도록 해주어야 한다. 그리고 가능한 많은 장애물을 제거할 수 있도록 도와야 한다.

아이디어와 계획

전체적인 TLI 프로그램을 어떻게 고안할지에 대해서는 아직 완벽한 복안을 내놓지 못했다. 창립 멤버들은 모였지만 아직 전략을 짜기 위한 자리를 만들지는 못했다. 내가 바라는 방향은 TLI 프로그램을 리더들의 필요와 선호에 들어맞는 방식으로 고안하는 것이다. 하지만 우리는 핵심 원칙 몇 가지를 수립했을 뿐이고 이제 겨우 첫 발을 내딛었을 뿐이다.

첫째, 우리는 최고 리더들 열다섯 명을 골라내 그들에게 최고의 자리에서 자신들이 지닌 리더십 재능을 적용해 볼 수 있도록 기회를 제공하기 위한 과정 중에 있다. 그 프로그램은 네 단계로 이루어져 있다.

1단계는 '탐구Exploring' 단계이다.

회의적인 민간부문 리더들이 실제 정부 업무가 어떠한지에 대해 생생한 이야기를 나눠 볼 수 있도록 분기별로 주지사와 함께 점심 식사를 하는 기회를 갖는 것이다. 그들은 정부에서 봉사하는 것이 자신들에게 맞는지를 결정할 수 있다. 이러한 단계는 몇 년간 지속될 것이다.

2단계는 '발전Developing' 단계이다.

이 단계로 올라서기 위해서 리더들은 자신들이 2년이라는 리더십 서비스 기간을 잘 수행해 낼 '재능과 의지'가 있는지를 결정하기 위한 4시간에 걸친 '후 인터뷰Who interview'를 거치게 된다. 만약 재능과 의지가 있다면 그들은 '리더정치 선언'에 서명하게 된다. 그들은 맞춤형 발전 계획을 수립한다. 그리고 실행에 착수한다.

전형적인 발전 계획에는 해당 리더가 생각하고 있는 공공부문의 수장직을 수행하는 것이 포함될 것이다. 또한 멘토 역할을 하게 될 정부 조직의 자리를 배정받게 될 것이고 행정부문에서 1년짜리 석사 학위를 받게 될 것이다. 그리고 이 단계는 해당 리더가 일하고자 하는 분야의 '전략 연구'를 마치는 것으로써 끝나게 된다. 이러한 아이디어는 리더에게 성공적으로 준비할 수 있는 기회를 제공하기 위함이다.

3단계는 '배치Deploying' 단계이다.

이는 프로그램에서 실질적으로 '실행하는' 단계이다. 이는 2년 기한의 정부 내 리더십 서비스 기간으로 리더들은 60세가 되기 전에 이 단계를 마치게 된다. 우리가 목표 나이를 60세로 설정한 것은 그때가 리더들의 능력 곡선이 최고에 달하는 시점이기 때문이다. 리더들에게는 은퇴 시점이 다가오기 전에 정부에 대한 매력에 빠질 수 있는 시간이 주어진다.

리더십을 수행할 수 있는 역할에 배치되어 보면 리더들 중 일부는 2년 이상 공직을 수행하겠다는 결심을 하게 될지도 모른다. 하지만 일부는 2년이라는 기간이 끝나면 공직을 떠나야겠다고 결심할 수도 있다. 어쨌든 이들 모두가 공직 수행에 대해 자신의 커리어에 있어 가장 흥미로운 시간이었다고 말할 수 있길 희망한다. 공직을 수행하면서 리더들은 리더십 재능을 적용하고 새로운 것들을 배우며 의미 있는 성과를 거두고 흥미로운 사람들을 만날 수 있을 것이기 때문이다.

4단계는 '멘토링Mentoring' 단계이다

이제 리더십 서비스 기간을 마친 리더들은 이 프로그램의 초기 단계에 진입한 사람들에게 멘토 역할을 할 수 있게 될 것이다.

미래 비전

나는 TLI에 지대한 관심을 갖고 있다. 이 책이 출간될 즈음이면 히켄루퍼 주지사의 지지와 비전에 힘입어 TLI의 첫 장이 콜로라도 주에서 펼쳐지게 될 것이다. 내가 최초의 TLI 그룹을 모집하는 데 있어 히켄루퍼 주지사에게 의지해도 되는지 그리고 분기별로 TLI 멤버들과 점심 식사를 해줄 것인지 물었을 때 그는 "물론이죠! 생각할 필요도 없는 문제죠"라고 대답했다. 그는 훌륭한 리더십이 얼마나 중요한지에 대해 그 누구보다 잘 알고 있다. TLI를 시행해나가면서 우리는 모든 구성원들의 업무 수행 뿐 아니라 만족도에 대해서도 계속 체크해 나갈 것이다. 콜로라도 주에서의 시험 프로그램이 성공을 거두지 못한다면 우리는 모델을 정비한 후 다시 시도할 것이다. 만약 성공적이라면 다른 주 및 지역 사회에 TLI를 적용해나갈 것이다. 그런 후 국가 수준으로 나아가는 것이다. 그 후에는 세계로 나아가게 될 것이다.

이미 훌륭한 마인드를 가진 사람들은 조직을 성공으로 이끌고 자신들의 경험이 조직원들에게 긍정적으로 작용할 수 있는 방법에 대한 아이디어를 내놓고 있다. 마크 갤로글리는 "미래 정부의 필요에 대해서 뿐 아니라 헌신적이고 재능 있는 사람을 계속 채용하고 유지, 개발하기 위해 스코어카드의 활용에 대해 적극적으로 계획하는 것을 생각해보라"고 강조하며 트레이닝 과정을 공동체 내의 미래 리더십 필요 needs에 맞추어 조정하는 작업에 대해 말하고 있다.

칙센트미하이 교수도 유사한 방안을 제안했다.

"내가 주지사들에게 요청하고 싶은 것은 정부 내의 기관이나 부서가 민간부문의 리더들이 충분히 일할 수 있도록 환경을 만들어주는 태스크 포스를 구성하는 것이다. 다시 말해 알을 낳기 전에 둥지를 마련하라는 것이다. 그 후에 당신은 구성원들에게 여러 가지 옵션을 제공할 수 있다. 아니면 각각의 기관이 예측 가능한 도전을 확인할 수 있는 템플릿을 만들어라. 해결이 필요하면서 누구도 해결책을 마련하지 않았거나 그러한 해결책만으로는 부족한 핵심 문제를 찾아내라."

구성원들의 재능을 이용해 정부가 직면한 도전을 조정하라는 것이 그가 나에게 이야기하고 있는 바였다. 이것이 TLI 사람들로 하여금 몰입할 수 있도록 도우려는 방법이다.

우리는 TLI에 대해 커다란 목표를 세워놓고 있다. 바로 2030년까지 1,500명의 유능한 리더들이 TLI의 리더십 서비스 기간을 마치도록 하는 것이다.

1,500명의 리더들이 정부에 참여하면 우리의 삶의 질에 얼마만큼의 영향이 있을지 상상해보라. 이것이 가장 중요한 문제이며, 분명히 가시적인 성과가 있을 것으로 본다.

우리는 TLI의 아이디어가 모든 곳으로 퍼져 나가길 희망한다. 모든 나라에 있는 리더의 자질이 향상된다는 것은 우리 모두의 삶을 더 나아지게 할 것이다. 안전하고 안정적인 사회가 자유와 기회를 증진하고 시민들의 번영을 가능하게 한다. 그리고 자유롭고 번영하는 시민들은 서로 간에 평화롭게 교류할 수 있는 가능성이 높아진다. 관료주의가 낭비와 투쟁으로 이끄는 반면 리더정치는 삶의 질을 높이고 국가 간의 평화를 증진할 것이라고 믿는다.

리더정치 선언에 사인하라

만약 어떤 작가가 다른 사람들에게 무엇을 해야 한다고 쓰면서 정작 스스로는 그렇게 하지 않을 때 그러한 메시지는 신뢰가 떨어진다. 하지만 어떠한 작가가 자신이 믿는 것에 대해 쓰면서 그와 관련된 일을 한다면 나 스스로도 행동 착수에 대한 더 큰 동기를 부여받게 된다. 그래서 나는 솔선수범을 통해 독자들도 움직이도록 해야겠다는 생각에 지금 당장 행동을 취해야겠다는 결정을 하게 되었다.

나는 리더정치 선언에 서명을 했다. 나는 지금 정부와 관련된 일을 하고 있다. 그리고 그것이 나를 두렵게 한다. 그것은 가장 최근까지도 내가 원치 않았던 일이었기 때문이다.

무엇이 바뀌었는가? 이 책을 쓰고 TLI를 시작하는 과정에서 나는 몇 가지를 배우게 되었다.

첫째, 정부 리더십에 대한 시급한 변화가 필요하다.

둘째, 당신은 실제로 정부 내에서 변화를 만들어낼 수 있다. 희망이 없는 상황이 아니다.

셋째, 나는 내가 살고 있는 공동체를 더 나은 사회로 만드는 일과 관련해서 나의 커리어에 있어 작지만 흥미 있는 부분으로 실질적인 성과를 만들어내야겠다는 바람을 가지고 있다.

넷째, 당신이 올바르게 선출된 사람과 함께 일하게 된다면 그것은 일생에 있어 가치 있는 리더십 경험이 될 것이다.

이 글을 쓰고 있는 지금 나는 39세이다. 그러므로 나에게는 앞으로 이 명예로운 일에 공헌할 수 있는 시간이 21년은 남아 있는 셈이다. 그렇게 긴 시간을 갖는다는 것은 다소 위안이 된다. 여전히 두렵기는 하지만 분명 즐거운 일이다. 나는 정부에서 봉사하는 것에 대해 생각하고 계획을 세우고 있다. 예를 들어 내가 살고 있는 주의 주지사나 국가 혹은 주 혹은 지역 수준의 다른 리더들을 위해 리더십에 대한 조언자 역할을 계속해서 자청해야겠다는 계획을 갖고 있다. 나는 또한 리더정치를 홍보하고 전 세계 국가 리더들과 협의해야겠다는 계획을 갖고 있다. 아이들이 모두 떠나고 집안에 나와 아내만이 남게 되었을 때, 우리는 학교로 돌아갈 생각이다. 40대 후반이나 50대 초반에는 하버드 케네디 행정 대학원에서 1년 과정의 미드 커리어 마스터Mid-

리더정치 선언

당신이 세상에서 바라는 변화의 주인공이 되라.
—간디Gandhi

나 ___Geoff Smart___ 는,
만 60세 이전까지 정부 내에서 2년 과정의 풀 타임full-time 리더십 역할을 완수할 것이다.

서명 ___GSS___

날짜 ___12/1/2011___

리더정치 선언

당신이 세상에서 바라는 변화의 주인공이 되라.
— 간디Gandhi

나 _____ 는,
만 60세 이전까지 정부 내에서 2년 과정의 풀 타임full-time 리더십 역할을 완수할 것이다.

서명 _____

날짜 _____

Career Master를 이수할 생각이다. 나는 이 프로그램에 관해서 많이 들어왔다. 50대 중반이 되면 정부 내에서 구체적으로 어떤 일을 할 것인지와 관련해 중요한 선택을 하게 될 것이다. 어떠한 리더십 문제와 관련하여 내가 도움이 될 수 있을 것인지에 대해서 말이다. 내가 일을 잘 해내고 그 일을 내가 좋아한다면 나는 정부와 관련해 또 다른 일을 하게 될 수도 있고, 아니면 다시 민간부문으로 돌아와 이러한 움직임을 증진하는 데 나의 시간과 노력을 계속해서 투자할 것이다.

* * *

TLI는 리더정치 캠페인에 있어 촉매가 될 수 있다. 당신도 이와 같은 혹은 다른 형태의 해결책을 만들어내고 강구하길 권하는 바이다. TLI는 유일한 해결책이 아니다. 하지만 그것은 분명 우리 사회의 유능한 리더들과 공직 사이에 드리워져 있는 미스터리한 장막을 걷어버리는 데 기여하게 될 것이다.

우리는 정부 내에서 일할 유능한 리더들이 더 많이 필요하다. 적합한 인물을 알고 있다면 소문을 내주기 바란다. 그들에게 TLI에 대해 이야기해 달라. 그들에게 이 책에 있는 리더정치 선언을 복사해서 가져다주고 서명할 것으로 촉구하라.

리더정치에 대한 논의

1. TLI의 디자인에 대해 어떻게 생각하는가? TLI를 발전시키고 민간부문에 있는 유능한 리더들이 공공부문으로 쉽게 진입할 수 있도록 당신은 어떤 일을 하겠는가?
2. 리더정치 선언에 서명하길 바라는 사람이 있는가?
3. 당신이 훌륭한 리더라면 리더정치 선언에 서명을 하거나 TLI를 당신이 살고 있는 도시에서 시작하고 그에 동참하기 위한 조건으로 무엇이 있겠는가?

리더정치에서 살기

> 효과적인 리더십은 연설을 잘 하거나 호의를 얻는 것에 있지 않다.
> 리더십은 결과에 따라 결정되는 것이지
> 자질에 의해 결정되는 것이 아니다.
>
> ―피터 드러커Peter Drucker

리더정치에 산다는 것은 어떤 기분이 들게 하는가?
짧게 대답하면, 굉장하다.
모든 일은 마냥… 잘 풀릴 것이다.
관리가 잘 된 호텔과 관리가 허술한 호텔 사이의 차이점을 생각해

보라. 좋은 호텔에 가면 당신은 미소로 환영받게 된다. TV 리모콘은 잘 작동한다. 배게는 편안하다. 화장실에는 무료로 제공되는 치약이 당신을 기다리고 있다(당신의 치약은 공항 보안 검색대에서 압수당했는데 말이다). 문제가 있어 프론트 데스크에 전화를 걸면 친절한 지배인이 신속하게 문제를 해결해준다. 그것이 당신을 무시하는 프론트 데스크의 퉁명스러운 접객인의 인사를 받고 TV 리모콘이 고장 나서 TV는 볼 수 없으며 밤새 형편없는 잠자리를 가진 후 아침 미팅에 불쾌한 기분으로 나가게 되는 것보다 낫지 않은가?

리더정치라고 해서 모든 것이 장밋빛은 아니다. 인생에는 여전히 인간의 투쟁이 존재한다. 나쁜 사람들은 계속 나쁜 짓을 할 것이다. 여전히 마음이 찢어지는 사람과 꿈을 이루지 못한 사람들이 존재할 것이다. 하지만 더 이상 정부가 화의 근원은 아니다. 정부는 안전과 안정의 근원이 될 것이다.

내가 정부에 대해 좀 더 알아내기 위한 작업에 착수했을 때 나는 아무리 유능한 리더들이라 하더라도 차이를 만들어내는 것이 불가능할 것이라고 예상했었다. 즉, 관료주의의 팽창으로 인해 모든 발전이 멈추게 될 것이라는 사실만 알게 될 것이라고 예상한 것이다. 하지만 내가 발견한 것은 유능한 리더들이 차이를 만들어내고 공동체를 훨씬 나아지게 만든다는 사실이었다.

그리고 민간부문의 훌륭한 리더들이 정부로 들어가도록 영향력을 행사하는 현상이 없는 것도 아니다. 단지 아주 드문 일일 뿐이다. 이러한 현상이 구체화되는 것을 보게 되길 바란다.

만약 정부에서 리더십을 행사할 수 있는 모든 직책, 혹은 거의 대부분의 직책이 우리 사회의 위대한 리더들로 채워진다면 어떨까? 내 생각에 우리와 같은 평균적인 시민들의 육안으로도 삶의 질적인 측면에 미치는 리더정치의 긍정적인 영향을 분명히 확인할 수 있게 될 것이다. 왜? 왜냐하면 우리는 (1) 한층 안정된 안보, (2) 더 많은 자유, (3) 더 많은 기회를 얻게 될 것이기 때문이다.

한층 안정된 안보

시민들은 일반적으로 정부가 갈팡질팡하거나 시민들의 삶에 지나치게 관여해 세세한 것까지 신경 쓰는 것을 좋아하지 않는 것처럼 보인다. 나도 그런 것을 좋아하지 않는다. 시민들은 정부가 삶을 영위할 수 있는 안전하고 안정적인 기반을 조성해주길 바란다.

시민들은 일터로 가는 길의 도로상태가 잘 포장되어 있고 깨끗하길 바란다. 그들은 늦은 밤 교외에 있는 영화관을 나서는 길에 안전하다는 느낌을 받길 원한다. 그들은 학대받는 아이들이나 만성적인 노숙자들, 특별한 도움이 필요한 사람들과 같이 사회의 가장 취약한 계층에 있는 사람들이 도움을 받을 수 있는 좀 더 효율적인 관리를 필요로 한다. 그들은 깨끗한 공기와 식수를 원한다.

시민들은 또한 균형 잡힌 예산과 정부 부채 삭감에 따른 재정적인 완화를 원한다. 미치 대니얼스는 주지사로 취임했을 때 인디애나 주에 살고 있는 주민들 사이에 이러한 의식이 팽배해 있음을 깨달았다.

> 만약 정부에서 리더십을 행사할 수 있는 모든 자리가 혹은 거의 대부분의 자리가 사회의 유능한 리더들로 채워진다면 어떨까? 내 생각에 우리와 같은 평균적인 시민들의 육안으로도 삶의 질적인 측면에 미치는 리더정치의 긍정적인 영향을 분명히 확인할 수 있게 될 것이다.

그는 인디애나 주를 심각한 예산 위기에서 구해내는 데 집중했고, 그것은 공무원 수를 줄이는 것을 의미했다. 그리고 구조조정에도 불구하고 대부분의 기관들은 서비스 질을 엄청나게 향상시켰다. 복지사업부와 다른 부서들은 정부로부터 공로를 인정받아 표창을 받았다.

필요적인 긴축재정 상황에서조차 대니얼스 주지사는 주민들의 안전과 아이들의 보호에 우선순위를 두어야 한다는 점을 알고 있었다. 그는 주 경찰의 수를 400명 정도까지 증원했고, 이는 전에 비해 45퍼센트 정도 증가한 것이었다. 그리고 위험에 처한 인디애나 주 아이들의 복지 향상을 위해 아동복지부의 사례별 사회복지사를 800명 이상 확충하기 위한 작업에 착수했다.

대니얼스 주지사의 비서실장인 얼 구드는 이러한 변화에 대해 다음과 같이 말했다.

"우리는 기관 조직의 정원보다 더 적은 수의 인원으로 더 많은 일을 하고 있어요. 하지만 일부 영역에서는 일을 제대로 하기 위해 사람을 더 고용해야 했죠." 그리고 그것이 가능했던 것은 모든 기관들의 신중한 재정 관리와 주 자원의 적절한 분배에 따른 것이었다.

존 히켄루퍼 주지사는 덴버 시 시장으로 재직하던 시절 노숙자들을 위해 시에서 지출하는 비용이 금전적인 부분이나 인력동원 부분 모두에서 엄청나다는 사실을 발견했다. 그래서 그는 마일 하이 유나이티드 웨이Mile High United Way와 협력하여 덴버 시 로드홈Road Home 프로그램을 시행했다.

프로그램을 시작한 지 5년이 지난 후 해당 조직은 노숙자들에게 숙소를 제공함으로써 만성적인 노숙자의 수를 60퍼센트 이상 감소시켰다. 핵심 지역에서의 구걸 행위는 83퍼센트까지 감소했다. 또한 수천 명의 사람들이 노숙자가 되는 것을 방지하는 다양한 서비스들이 마련되었다. 이러한 행동들을 통해 미국 주택·도시 개발청 및 기타 다른 기관들로부터 표창을 받았다. 노숙자들에 대한 예산이 인당 4만 달러에서 1만 6천 달러로 줄었다. 이는 매우 놀라운 결과였다.

더 나은 삶의 질을 향유하기 위해서는 한층 안정된 안보가 담보되어야 한다. 그리고 그러한 결과는 공동체의 파산을 동반하지 않고도 이루어낼 수 있는 것이다.

더 많은 자유

시민들은 삶의 즐거움을 극대화하는 선택의 자유를 원한다. 그들은 선택의 과정에 정부가 끼어드는 것을 좋아하지 않는다.

시민들은 혁신적인 사업을 시작할 수 있는 자유 즉, 과도한 관료적 형식주의로부터의 자유를 원한다. 그들은 수입을 얻고 물건과 서비스를 교환할 자유 즉, 과도한 세금 부담으로부터의 자유를 원한다. 그들은 삶의 즐거움이나 자유, 행복의 추구를 제한하는 관료주의로부터의 자유를 원한다.

차량관리부를 마지막으로 방문했던 때를 떠올려보자. 그 순간이 고통스럽지 않았다면 당신은 운이 좋았는지도 모른다. 우리들 대부분은 차량관리부와 상호작용하는 것만 두려워하는 것이 아니라 거의 모든 정부 기관과 얽히는 것을 두려워한다. 얼 구드는 인디애나 주에서 정부와의 상호작용을 가능한 고통스럽지 않게 하기 위해 기울였던 노력에 대해 이야기했다. 가장 명백한 개선점 중 일부가 차량관리부에서 일어났다.

"그들은 우리에게 차량관리부의 처리 시간을 30분 이하로 단축시킬 수 없을 것이라고 했어요. 처리란 당신이 해결되길 바라고 가져온 일을 실제로 하기 시작하는 때를 말하죠." 누가 이 숫자를 산출해냈는가? 대니얼스 주지사가 취임하면서 만들어낸 정부 효율 단체이다. 이 단체는 주의 기능을 개선하기 위한 기회를 규명해내는 문제와 관련해 모든 기관들과 함께 했다. "지금 차량관리부에는 이전보다 1,350명 감소한 수의 직원이 일하고 있어요. 평균적인 처리 시간은 전체 주를 통 털어 8분이 채 되지 않아요. 당신이 차량관리부의 문을 열고 들어서는 때부터 문을 열고 나가는 때까지 대략 16분 정도가 걸리죠."

놀랍지 않은가! 효율성 분야의 전문가들조차도 이러한 일이 가능할 것이라고 기대하지 않았다. 하지만 리더들에게는 그 일이 가능하게 할 수 있는 능력이 있었다. 리더들은 직원들에게 도구를 주었다. 그들은 직원들에게 획기적인 아이디어를 제공한 것이다. 그들은 차량관리부 웹사이트를 통해 더 많은 것들을 가능하게 했다. 그리고 그들은 지사 관리자들에게 인센티브 보너스를 제공했다. 얼은 우리에게 자랑스럽게 이야기했다.

"차량관리부는 고객 응대 부문에서 2년 연속 최고의 우수성을 인정

받은 최초의 기관이 되었죠."

정부가 좀 더 효율적이고 효과적으로 운영되도록 하려면 직원들을 비효율의 굴레에서부터 자유롭게 풀어줄 필요가 있다. 프레드는 직원들을 풀어주고 케닐워스 시민들에게 우선순위에 따라 재배치할 수 있는 능력이 있었다. "우리 커뮤니티에는 거리 청소가 존재해요. 저는 선출되기 이전에 거리 청소 차들을 교체할 '때가 되었다는 사실을 알게 되었죠. 교체를 위해서는 1대에 20만 달러의 투자가 필요했어요. 저는 당선이 되고 난 후 청소차 교체를 하지 않을 것이라고 말했지요." 물론 깨끗한 거리는 시민들에게 중요하다. 하지만 1년에 10번도 채 사용하지 않는 청소차 한 대에 20만 달러라고? 프레드는 자신이 좀 더 비용 효율적인 방법을 찾을 수 있을 것이라고 생각했다. 해결책은 아웃소싱을 주는 것이었다. 프레드는 인근의 커뮤니티와 접촉하고 그 중 한 사람과 케닐워스의 거리 청소를 담당하는 문제와 관련해 협상을 했다. "지금 아웃소싱에 따른 비용은 1년에 청소차 1대의 작업량으로 7천 달러 정도가 소요되지요. 우리의 서비스는 더 나아질 것이고 투자나 유지보수비용은 더 이상 필요치 않아요."

그리고 두 곳의 시 공원 잔디 유지를 위해 (분리된 지방 세금구역인) 공원구역의 비용까지 지불하고 있다는 사실을 알게 되었을 때에는 어떠했는가? 그는 공원 관리인에게 지방 조경 회사와 접촉해 두 구역의 잔디 유지를 위한 아웃소싱 비용이 얼마나 되는지 알아보도록 지시했다. 아웃소싱 결과 두 구역의 잔디를 관리하면서도 75퍼센트의 비용이 절감되었고 공원구역 관리에서 남은 인력을 좀 더 가치 있는 부서에 재배치할 수 있게 되었다. 그는 이러한 행보를 지속하고 있으며 시는 다방면의 공동체 협력 협약을 맺게 되었다. 재료나 서비스, 심지어 인프라까지 절감하면서 말이다. 마지막으로 그는 911 긴급 파견 업무에 공동의 비즈니스 모델을 시행하기 위해 세 개의 공동체와 함께 협력했다. 그 결과 새로운 기술 및 더 나은 긴급 재난 지원 서비스를 위한 공동체별 투자비용이 줄어들 것으로 전망된다.

조심스럽게 분석하고 효율적으로 배분하며 팀을 조정함으로써 이들 유능한 리더들은 정부 효율을 증가시키고 시민들을 과도한 관료주의와 세금 부담으로부터 해방시켜 주었다.

더 많은 기회

시민들은 스스로를 발전시킬 수 있는 기회, 자신들이 할 수 있는 것을 모두 할 수 있는 기회를 원한다. 시민들의 자유에 초점을 맞춘 안전하고 안정된 정부를 가진다는 것은 모든 시민들이 마치 팝콘의 옥수수 알처럼 튀어 오를 수 있는 기회를 더 많이 가지게 된다는 것을 의미한다.

시민들은 자신들이 가진 재능과 관심사에 맞아 떨어지는 일자리를 갖고 싶어 한다. 그들은 스스로 뿐 아니라 자녀들이 더 높은 수준의 교육을 받을 수 있는 기회를 원한다. 그들은 단지 빚지지 않고 살기 위해 모든 시간을 투자해 일하기보다는 다른 사람들을 위해 살 수 있기를 바란다. 이 모든 것들이 가능하기 위해서는 경제 부흥을 통해 일자리가 충분히 제공되어야 하고 정부의 공공 서비스를 지탱하기 위한 충분한 세수가 확보되어야 한다.

내가 대화를 나누어본 민간부문에서의 경험을 가진 주지사들 모두가 자신이 속해 있는 주의 경제력을 키우고 주 내의 비즈니스를 활성화하기 위해 눈에 불을 켜고 있었다.

제2장에서 나는 잭 마켈 주지사가 델러웨어 주에서 시행하고 있는 교육 개혁에 대해 이야기한 바 있다. 이는 미래 세대의 주역인 아이들에게 이득이 될 뿐 아니라 델러웨어를 비즈니스 하기에 좋은 도시로 만들고 일자리를 증가시킨다는 추가적인 이득을 가져다준다. 더 나은 교육을 받은 시민들은 더 강력한 노동력의 근원이 되기 때문이다.

하지만 그는 거기에서 멈추지 않았다. 마켈 주지사는 현존하는 근로자들 뿐 아니라 잠재적인 근로자들의 BFF가 되고 싶었다. 여기서 BFF란 영원한 친구best friends forever를 의미하는 것이 아니다. 이는 '일자리를 제공한 사람들에 대한 비용business finder's fee'을 의미한다. 즉 주에서 일자리를 창출해내는 사업의 아이디어를 제공한 사람이나 해당 기업이 세금을 낸 경우 받게 되는 세금공제 혜택을 말한다. 정말 멋지지 않은가? 또한 마켈 주지사는 경제 발전과 관련된 주요 분야에서의 발전 상태를 점검하기 위해 Salesforce.com을 시행한 것은 자신이 처음이라고 말했다.

히켄루퍼 주지사의 새로운 경제개발 책임자인 켄 런드Ken Lund 역시 떠들썩한 모습을 보이고 있다. 이들은 최근 뉴욕 주에 있던 애로우 일렉트로닉스Arrow Electronics 사를 콜로라도 주로 끌어들였으며 이로써 콜로라도 내에 수천 개의 일자리가 창출될 것으로 보인다. 이는 포춘지 선정 500대 기업에 속한 기업들 중 콜로라도로 자리를 이전한 아홉 번째 기업이다. 이는 우연이 아니다. 주지사는 다음과 같이 주목할 만한 결과를 포함하는 (마치 일자리 창출을 위한 스코어보드와 같은) 거대한 청사진을 만들어냈다.

'비즈니스 친화적인 환경 구축', '기업의 유지, 발전, 유치', '더 강력한 콜로라도 브랜드를 만들고 마케팅하라', '내일의 노동력에 대한 교육 및 훈련', '혁신과 기술개발'이 그들이 내세운 기치이다.

"저는 항상 우리가 정부의 속도가 아니라 비즈니스의 속도에 따라 움직일 것이라고 주장해왔어요"라고 미치 대니얼스가 말했다. "우리는 더 나은 경제 환경을 만들겠다는 목표 하에 전 행정부를 구성해왔어요. 그리고 처음 시도했던 것이 상무부department of commerce라고 불리던 관료주의 조직을 폐지한 것이었죠. 상무부에서 그 어떤 실질적 상업적 성과를 확인할 수 없었거든요. 그 대신 우리가 생각하기에 더 나은 시스템이라 여겨지는 제도를 도입했죠. 그것이 현재 수많은 주들로부터 벤치마킹 대상이 되고 있고요. 그것은 공공기금을 받으면서 사적 이윤을 올리기도 하는 경제발전협력기구Economic Development Corporation이라는 비영리기구를 설립하는 것이었죠. 그것은 빠르게 움직일 수 있어요. 천여 개의 거래가 이루어졌고 이곳을 찾는 사람들로부터 '당신의 팀 사람들과 이야기하고 있으면 정부 관료들이 아니라 비즈니스를 하는 사람들과 이야기하고 있는 것 같은 착각이 들어요'라는 말을 수도 없이 들었어요. 그것이 엄청난 차이를 만들어낸거죠."

"우리의 역할은 고객 서비스 사업을 하는 거죠"라고 릭 스나이더 주지사가 말했다. "그리고 우리의 고객들은 우리 주에 살고 있는 주민들이고 조직들인 것이고요. 우리의 역할은 자유로운 기업가들이 마음껏 일할 수 있는 일자리를 만들어주는 것이고 고객들이 더 나은 삶의 질을 만끽하고 성공을 누리면서 살 수 있는 환경을 제공하는 겁니다. 우리는 환상적인 환경을 제공하고 있어요."

이러한 스나이더 주지사의 철학은 미시건 주의 상업과 일자리 증진 및 경제 발전에 대한 성과로 나타났다. "사냥 대(對) 정원 가꾸기의 개념이라고 할 수 있죠"라고 그는 말했다. "여러 주들이 비즈니스를 끌어들이기 위해 자주 사용하는 방법이 인센티브를 활용하는 것이지요. 그것은 사냥이라고 볼 수 있어요. 주 밖으로, 경우에 따라서는 국가 밖으로 나가서 비즈니스를 끌어 들이는 거죠. 정원을 가꾼다는 개념은 주 내의 현존하는 기업이나 기업가들을 찾아내서 그들이 성장할 수 있도록 돕는 겁니다. 데이터베이스 분석을 해보면 비즈니스를 통해 만들어지는 일자리들이 대부분 이미 당신이 살고 있는 주 내에서 성장하고 있다는 것을 확인할 수 있어요. 주들이 사냥에 너무 치중하는 경향이 있어요. 그래서 저는 바꾸어 생각해본 것이죠. 비즈니스 101은 새로운 고객을 찾아 가기 전에 현재 고객을 살펴야 한다고 강조하고 있어요. 당신이 정원을 잘 가꾸어 놓은 후에 사냥을 나가기 시작하면 최고의 마케팅 방법으로 사용할 게 뭐가 있겠습니까? 그것은 인센티브도 아니고 세재 혜택도 아니에요. TV 광고도 아니고요. 정답은 바로 행복감을 느끼는 고객들의 입에서부터 흘러나오는 찬사들인 것이죠."

* * *

나는 두 가지의 미래를 볼 수 있다.

첫 번째 미래는 우리 주변의 최고 리더들 중에 소수의 리더만이 공직을 수행하고 있는 미래이다. 이러한 미래에는 리더답지 않은 리더들 밑에서 우리들 모두 불어나는 적자와 빚에 시달리게 된다. 기업들은 정부를 불신하여 좀 더 안정적이고 안전한 장소로 자리를 옮긴다(일자리도 모두 가져가 버리면서 말이다). 자금은 정부가 특히 선호하는 사업이나 족벌경영에만 배분된다. 책임감이나 마무리 작업은 없다. 사회기반시설은 유지보수가 이루어지지 않아 무너져 내리기 시작한다. 도시와 마을은 보기 흉하게 변하고 냄새로 들끓게 된다. 시민들은 상황이 점차 끔찍하게 되어 가는 것을 느끼고 정부의 무능력과 횡포에 항의하며 거리로 나가지만, 그럼에도 불구하고 아무런 변화는 나타나지 않는다. 매일같이 시민들은 공포와 부담, 기회의 상실, 삶의 질이 저하되어 가는 것을 느낀다.

또 다른 미래도 있다.

다른 미래는 리더정치이다. 리더정치는 사회의 최고 리더들이 정부를 이끌어가는 미래이다. 남녀를 불문하고 진정 뛰어난 능력과 성향을 지닌 리더들이 공직을 수행한다.

이러한 미래에는 유능한 리더들의 손길에 의해 우리 사회가 점차 안전하고 안정적으로 변화해간다. 부채는 모두 해소되고 예산은 균형을 유지한다. 혁신가들은 혁신을 하고 노동자들은 일을 한다.

자금은 사회의 최우선 순위에 있는 프로젝트에 배분되고 낭비를 최소화하고 결과를 극대화하는 방향으로 운영된다. 모든 일이 착착 진행된다.

시민들의 일상적인 삶에서 정부의 모습은 거의 보이지 않는다. 시민들은 범죄를 저지르거나 항의시위를 하기 위해 거리로 나서는 것이 아니라 아이들을 걸어서 학교까지 데려다 주고 산책을 하거나 친구들을 만나기 위해 거리로 나선다. 모든 이들의 삶의 질이 개선된다.

분명 이러한 미래를 원하는 사람이 나만은 아닐 것이라는 것을 느낄 수 있다. 시민들은 유능한 리더에게 투표하겠다는 결심을 할 것이고 훌륭한 리더를 뽑을 수 있는 자질을 기르기 위해 역량을 강화할 것이다. 유능한 리더들이 정부에 들어가고 모든 사람들의 이익을 위해 자신이 가진 재능을 활용할 것이다. 그리고 그에 따른 결과는 놀랄 만하다.

언젠가 내가 새로 태어난 손자나 손녀를 하늘 높이 들어 올리고 "삶은 점점 더 나아지고 있단다"라고 이야기할 날이 올 것이라고 믿는다.

그리고 그게 진실이다.

Q&A

1. 리더정치란 무엇인가?

　리더정치란 '사회의 최고 리더들이 이끌어가는 정부'를 말한다.

2. 리더정치에서 말하고자 하는 바는 무엇인가?

　우리는 관료주의가 심화되는 사회에 살고 있으며 이는 모든 사람들의 삶의 질적인 측면에 있어 좋을 것이 없다.
　하지만 모든 사람들의 삶의 질을 개선시켜줄 해결책이 존재한다. '좀 더 유능한 리더들을 정부에 고용하는 것'이야 말로 이 책에서 제안하는 해결책이다.

3. 그러면 당신이 하려는 말은 모든 정부 리더들이 민간부문에서부터

와야 한다는 것인가?

아니다. 목표는 유능한 리더들을 정부로 끌어들이는 것이다. 공공부문이나 군대, 과학, 교육 분야 등 다양한 분야에서의 배경을 가진 사람들이 다 함께 모이게 된다면 좋을 것이다. 하지만 이 책을 쓰게 된 계기는 민간부문에 유능한 리더들이 굉장히 많이 있다는 사실을 깨닫게 되면서였다. 그래서 그러한 리더들을 정부로 끌어들이기 위한 방법을 모색하려는 것이었다. 민간부문이야말로 아직 개발되지 않은 거대한 인력풀이다. 우리는 그곳에서 훌륭한 리더들을 찾아낼 수 있다.

4. 그러한 생각은 엘리트주의가 아닌가?

아니다. 나는 엘리트주의를 실현하려는 것이 아니다. 내가 생각하는 엘리트주의는 태어날 때부터 주어진 조건에 따라 운명 지워진 일단의 사람들을 한정하는 것이다. 하지만 나는 누구나 훌륭한 리더가 될 수 있다고 믿는다. 그것은 혈통이나 인종, 종교, 성별 등과는 관계가 없다. 물론 코마 상태에 빠져 있는 사람과 같이 훌륭한 리더가 될 수 없는 예외적인 경우가 있긴 하다. 하지만 일반적으로 리더십이란 누구나 개발할 수 있는 기술이다. 내가 정부를 이끌어주었으면 하고 바라는 리더는 자신의 리더십 재능을 개발하기 위해 수많은 시간과 눈물, 피와 땀을 투자한 사람이다.

5. 하지만 비즈니스를 하는 사람들은 모두 부정직하고 이기적이며 부패한 사람들이 아닌가? 엔론Enron이나 매도프Madoff 등을 보라. 우리가 왜 그러한 사람들을 더 정부로 끌어들여야 하는가?

어느 분야든 부정직하고 이기적이며 부패한 사람들이 있다. 그렇다고 비즈니스를 하는 사람들 모두가 그런 것은 아니다. 나는 정직하고 관용적이며 부패하지 않은 사람들이 정부를 이끌어주길 바라는 것이다.

6. 당신은 정부라는 것이 비즈니스와는 같지 않다는 것을 깨닫지 못했는가?

물론 정부와 비즈니스가 같지는 않다. 하지만 민간부문의 유능한 리더들이 개발해온 리더십 기술은 올바른 기질(가령 유연성, 관용의 정신)과 결합하여 특별히 훌륭한 공공부문의 리더로 거듭나게 할 수 있을 것이라고 확신한다.

7. 당신은 무슨 자격으로 이 책을 쓰게 되었는가?

만약 당신이 정부개혁이란 법률로만 가능한 것이라고 생각한다면 나에게는 별다른 자격이 없다. 하지만 정부개혁은 리더십으로 해낼 수 있는 것이라고 생각한다면 리더십에 관한 나의 배경이나 식건을 찾아볼 수 있을 것이다. 나는 분명 법률에 관해서는 정식의 트레이닝을 받아본 적이 없고 내가 가진 생각들을 정부에 적용하는 데 수십 년의 세월을 보낸 사람도 아니다. 하지만 리더로서 그리고 리더십을 연구하는 사람으로서 내가 경험한 것들과 내가 공부한 것들이 최근 정부에서 체험한 놀라운 경험 및 정부 리더들에 대해 시행한 1년에 걸친 인터뷰와 결합하여 나를 이 책이 제시하려는 가치에 대한 확신으로 이끌었고 세상에 알려야 한다는 믿음으로 이끌었다.

8. 당신이 이 책을 쓴 이유는 무엇인가?

내 삶의 모토는 '인생을 즐기고 다른 사람들 역시 그들의 인생을 즐길 수 있도록 돕자'는 것이다. 그리고 내 직업상의 모토는 '창의, 소통, 그리고 리더십에 관한 유용한 아이디어를 실천하는 것'이다. 민간부문의 리더들을 정부로 끌어들인다는 아이디어의 실행 기회는 이 두 가지 모토를 모두 실현할 수 있는 길이다.

그리고 이 책의 프로젝트를 시행하는 것은 즐거운 일이다. 이 책을 쓰는 일은 조금도 힘이 들지 않았다. 그것은 주지사들과 함께 일하고 민간부문에서 공공부문으로 도약한 사람들을 인터뷰할 수 있는 즐거운 시간이었다. 그들의 이야기를 공유하게 된다는 사실에 무척이나 흥분된다.

***

이 책을 읽고 있는 독자 여러분들께 진심으로 감사하는 바이다. 이 책에서 전달하고자 하는 메시지가 유용하다고 생각한다면 나를 도와 다른 사람들에게도 권하길 바란다.

감사의 글

이 책은 많은 분들의 도움으로 출간되었다. 연대순으로 나열해보려고 한다.

나는 이 책을 나의 아버지인 브래드 스마트Brad Smart에게 바치는 바이다. 아버지는 저녁 식사 자리에서 그 날의 사회 이슈에 대한 토론을 이끌어주셨고 리더들을 평가하는 방법에 관하여 많은 가르침을 주셨다. 또한 내가 리더십 분야에 흥미를 갖기까지 많은 영감을 주신 분이다. 피터 드러커Peter Druker 교수는 대학원 시절 나의 멘토였다. '경영의 아버지'로부터 경영에 관하여 배우는 것은 소크라테스 밑에서 철학을 배우는 것만큼이나 특별한 것이었다. 마셜 골드스미스Marshall Goldsmith는 내가 책을 펴내는 데 있어 멘토가 되어주었다. 깊이 감사를 표하는 바이다.

이 책을 펴내는 데 있어 직접적인 영감을 제시했던 분들이 네 분 있다. 마크 갤로글리Mark Gallogly는 국가 수준에서 정부 개혁을 도모하는 데 엄청난 시간을 투자해온 비즈니스 리더이다. 같은 생각을 가진 민간부문의 리더들을 모아 미래의 정부 리더십 역할에 대한 준비를 하도록 한 것은 그의 제안에 따른 것이었다. 블레어 리차드슨Blare Richardson은 지난 12월 나에게 이메일을 보내 새로운 주지사가 내각을 구성하는 데 있어 리더십에 관한 조언을 해줄 것을 요청 했다. 그리고 마지막으로 주지사 존 히켄루퍼John Hickenlooper와 그의 뛰어난 비서실장 록산느 화이트Roxane White 및 그들의 내각 리더들은 민간부분의 리더들이 정부 및 사회의 기능에 굉장히 긍정적인 영향을 행사할 수 있다는 것을 보여준 사람들이다.

교육 개혁가들인 웬디 콥Wendy Kopp(티치 포 아메리카Teach For America의 설립자)과 KIPP 설립자인 마이크 핀버그Mike Feinberg 및 데이브 레빈Dave Levin은 이 책을 쓰고 TLI를 설립할 수 있도록 지지해주고 지침을 제공해주었다. 당신들의 말보다 당신들이 몸소 실천해 보여주는 것들이 우리 모두에게 심오한 동기가 된다는 말을 전하고 싶다.

민간부문에서 공공부문으로 자리를 옮겨 자신들의 리더십에 관한 스토리를 공유해준 다른 여러 주지사들 및 직원, 사려 깊은 리더들에게 깊은 감사를 표한다.

편집자인 래리 비숍Lari Bishop과 그린리프북 그룹Greenleaf Book Group의 전 출판 팀이 최고의 전문성으로 이 책을 펴내는 프로젝트에 관심을 기울여 주었다. 출판사 CEO인 클린트 그린리프Clint Greenleaf는 맛있는 텍사스 바비큐를 대접해주었고 최고로 재능 있는 팀을 고용, 배치하여 직원들이 이 책을 펴내는 데 재능을 발휘할 수 있도록 해주었다. 나와 함께 리서치에 힘써준 시카고 대학교 교수 스티브 카플란Steve Kaplan과 그의 연구 조교 로버트 마이어Robert Meyer가 공공부문에 대한 CEO의 관심 정도에 대한 통계를 만들어주었다. 그리고 〈누구를 고용할 것인가〉의 공동 저자인 랜디 스트리트Randy Street와 〈이상적인 리더〉의 공동 저자인 앨런 포스터Alan Foster와 같은 ghSMART 동료들은 친절하게도 내가 프로그램을 공공부문의 환경에 들어맞도록 수정할 수 있게 허락해주었으며 한창 진행 중인 사업의 초기에 참여할 수 있도록 허락해주었다. 또한 랜디가 회장으로서 출중한 능력을 발휘해 우리 회사를 이끌어주어 내가 이렇듯 자선사업과도 같은 활동을 하는 데 시간을 투자할 수 있었다는 점에서 감사를 표하는 바이다. 린다 네이든Linda Naden은 주지사나 수십억 달러의 기업가들, 좀처럼 닿기 힘든 사람들과의 인터뷰 주선이라는 도저히 불가능해 보이는 일들을 그녀 특유의 품위와 매력으로 가능하게 해주었다. 론 조이비Ron Zoibi는 이 책을 펴내는 프로젝트와 관련된 모든 자금, 규제, IT 관련 업무를 효과적으로 처리해주었다. 그리고 비영리단체인 리더스 이니셔티브(The Leaders Initiative, TLI)의 회계를 맡아 이 책의 모든 인세가 TLI로 돌아갈 수 있게 해주었다.

마지막으로 나의 아내인 레슬리에게 감사한다. 그녀는 모든 분야에서 놀라운 재능을 지니고 있으며 그녀의 무한한 정신세계와 '한 번 해봐'라는 독려 덕분에 이 책을 펴내는 데 어려움을 덜 느낄 수 있었다. 아이들에게도 감사한다. 아이들은 아직 너무 어려 이 책의 내용을 이

해할 수 없겠지만 이 프로젝트를 시행하게 된 동기에는 아이들의 미래에 대한 걱정도 한 몫을 하였다. 언젠가 내 아이들의 아이들을 품 안에 안고 삶은 계속해서 나아지고 있다고 이야기할 수 있길 기대한다. 그리고 그렇게 될 것이다.

마지막으로 이 책을 읽어주신, 그리고 리더정치의 아이디어를 전파하고 계신 독자 여러분들께 감사를 표한다.

리더정치

1쇄 인쇄 2013년 1월 2일
1쇄 발행 2013년 1월 10일

지은이 제프 스마트 · **옮긴이** 김설경
펴낸곳 도서출판 **말글빛냄** · **인쇄** 삼화인쇄(주)
펴낸이 박승규 · **마케팅** 최윤석 · **디자인** 진미나
주소 서울시 마포구 서교동 463-3 성화빌딩 5층
전화 325-5051 · **팩스** 325-5771 · **홈페이지** www.wordsbook.co.kr
등록 2004년 3월 12일 제313-2004-000062호
ISBN 978-89-92114-83-7   03340
가격 12,000원

*잘못된 책은 바꾸어 드립니다.